世界上的每一朵玫瑰花都有刺

阿圖爾・叔本華(Arthur Schopenhauer) 著
六六 譯

要麼庸俗，要麼孤獨！叔本華說人生就是痛苦

生活僅由稍縱即逝的現在所構成，現在的生活立刻就會完結
所以，一個人究竟曾經是幸福還是不幸，就不太重要了

生命本質、美的價值、文學目的、品格本身……
一本書道盡 19 世紀悲觀哲學大師叔本華的人生智慧！

目錄

第一章　人生最大的智慧就是享受當下

目錄

第二章　美是神的賜予，不要輕易拋擲

第三章　要麼庸俗，要麼孤獨

目錄

附錄　我的生命在烏雲下黯淡

第一章
人生最大的智慧就是享受當下

唯有意志才是自在之物

恰恰由於我們不會自滿於時下對表象的這些認知，因此才更努力地去探索。我們想知道表象的意義，想知道除了表象以外，這世界是不是就什麼也沒有了 —— 假如真是這樣，那麼世界也就一同虛幻的夢、幽靈般的海市蜃樓，根本不值得我們去探求。我們想知道的是，除了表象以外，世界是不是還有其他什麼；假如有，那到底是什麼？

想從表象來探尋事物的本質，基本行不通。不管怎樣探尋，除了作為比喻的空洞、形象的名稱以外，人們什麼也得不到，就像一個獨自繞著皇宮走而找不到入口的人，最終只能把各面宮牆描繪一番。在我之前，所謂的哲學家們走的都是這條路。

這樣一來，探討者自己就陷入了一個怪圈：在這個世界裡，他是以個體的形式而存在的，這也就表明他的認知即便是作為表象的整個世界的前提，但到底是透過身體所獲得的。就像前文所指出，悟性在直觀這世界時以身體的感受為著眼點。只當作認知者的主體，以其為主體來說，身體就是表象裡的一個表象，客體裡的一個客體。假如不以完全不同的方式來考察這身體的活動與行為上的意義，對這個主體來說，就和它所知道的全部其他直觀客體的變化一樣，既陌生又不能理解。應該說，這個結果是作為個體出現的認知主體早就清楚的了，這就是「意志」。也只有它才是主體理解自己這個現象的鑰匙，從而一一揭示和指出了它的本質和作為，行動的意義和內在的動力。

意志和身體的活動，並不是經過因果性關聯起來的兩種客觀的認知，並不在因與果的關係當中，而是合二為一的同一事物，僅是在兩種完全不同的方式下的給予：一種是完全直接的給予，一種是在直觀中悟性的給予。身體的活動只是客體化，進入了直觀的意志活動。因此我想把這一真理放在其他真理之上，稱之為最高意義上的哲學真理。這一真理可以採用不同的方式來表達，比如：我的身體和意志是同一的；被我看作直觀表象且稱為我的身體的事物，只要它是在一個沒有其他方式可比擬的情形下被我所意識，那它就是我的意志；我的身體就是我的意志的客體性。假如忽略「我的身體是我的表象」這一點，那我的身體就只是我的意志；諸如此類。

身體的每一部分必須要和意志得以釋放的主要欲望相

吻合，一定是欲望的可見表現：牙齒、食道和腸道的輸送就是飢餓的客體化；而拿取物品的手與跑步的腿所結合的已是意志較為間接的要求了，二者就是這些要求的可見表現。就好比人的普通體形與人的普通意志相吻合，個人的身體也與個體形成的意志、性格相吻合。因此不管是對全體還是每一部分來說，人的身體都有個體的特徵，表現力豐富。亞里斯多德在《形而上學》裡所引的巴門尼德斯的一段詩句，就表達了這種思想：

就像人人都有屈伸自如的軀體結構，
與之相對應的，就是人們內心的靈魂；
由於精神與人的自然軀體
對於所有人都一樣，在這之上
有決定性的依然是智慧。

唯有意志才是自在之物。作為意志就必然不是表象，並在種類上異於表象。它是一切表象、客體以及現象、客體性和可見性的出處。它是個別的，而且也是整體的內核。在每種盲目作用的自然之力中，在每一個透過人類思考的行動之中，都有它的身影。而從顯現的程度上看，兩者有著很大的差異，不過對「顯現者」的本質來說則並不是這樣。

就像是一道符咒，「意志」這兩個字好像要為人們揭示出自然界事物最內在的本質，這並不是一個未知數的標誌，並不是一個由推理得到的東西，而是表明我們直接認知的東西，且是我們非常熟悉的；我們清楚並了解意志，無論那是什麼。過去，意志常被人們放在力的概念之下，我則恰恰相反，要把自然界中的一切力都想像為意志。人們不該只把這歸於字面上的爭論，認為這沒什麼、可以不予理會，而更應將其作為特別重要且別具意義的事情。和其他概念相同，力也是以客觀世界的直觀認知——現象，即表象——為依據並由此而生的；是從因與果支配的範圍內提取出來的，所以也是從直觀表象中而來的。假如將力歸於意志這個概念，實際上就相當於將較未知的還原為最熟悉的、最直接的且完全已知的，這也就大大地擴展了我們的認知。

意志作為人的意志而表現得尤為清楚時，人也就可以完全認知到意志的無根據性而將人的意志稱為自由意志，不過又會將意志的現象到處要服從的必然性忽略掉，而以為行為同樣是自由的。行為並非是自由的，動機作用於性格產生的一切個別行為都遵循著嚴格的必然性。就像前面說的，一切必然性都是因與果的關係，而一定不是其他。根據律是現象的一般形式，和其他現象一樣，人在其行動中肯定也要服從根據律。當然意志是在自我意識裡直接被認知的，因此在意識裡也含有對自由的意識，但這樣就忽視了作為個體的人，人格意義上的人並不是自在之物的意志，而是意志的現象了，由此也就進入了現象的形式 —— 根據律了。這就是怪事的根源：人人都先驗地以為自己是絕對自由的，在部分行為中也一樣，無論哪個瞬間都可以開始另一種生涯，即變為另一個人。但在後驗地經驗中他驚訝地發現自己並不是自由的，而是得服從必然性；即便自己有很多計劃與詳盡的思考，但實際的行徑最後並不會改變；從出生到死亡，他都一定要扮演自己不願承擔的角色，直到結束。

從根本上說，不管是理性的認知，還是直觀的認知，它們都是由意志本身而來的。假如只作為一種輔助工具，一種「器械」，那麼和身體的器官一樣，認知也是維繫個體與種族存在的工具，並屬於意志客體化高層次的本質。認知是為了實現意志的目的，為意志服務，自始至終它都很馴服並勝任；在所有動物 —— 差不多也包括所有的人 —— 都是如此。

我已經成功地傳遞出了一個如此明確的真理：我們存在的這個世界，按照其本質來說，根本即是意志，根本即是表象 —— 這就已假設了一種形式，主體與客體的形式，因而表像是相對的。假如我們問，在取消了這一形式和全部由根據律所引出的從屬形式以後還有什麼？那麼，除了意志，這個在種類上就異於表象的東西不會再是別的什麼了。因此真正的自在之物就是意志。每個人都會看到，自己就是它，世界的內在本質就在其中。而每個人也會看到，自己就是認知著的主體，整個世界就是主體的表象；在人的意識作為表象的支柱這個前提下，表象才有了它的存在。所以，在這雙重觀點下，人本身就是這世界，就是小宇宙，並且認知到這世界的兩個方面皆備於我。如果每個人都能承認自己固有的本質，那麼，整個世界的、大宇宙的本質也將被歸於其中。因此，不管是世界還是人本身，根本即是意志，根本即是表象，除此再無其他了。

實際在本質上，意志本身是沒有任何界限、沒有任何目的，它是無限的追求。我們在講到離心力時就觸及了這一點。在重力 —— 意志客體化的最低級別 —— 上也可以發現這一點；重力永不停息地奔往一個方向，這很容易讓人看出它沒有最終的目的。即便一切存在的物質都按照其意志組成一個整體，但在這個整體中重力朝著中心點奮力前行的同時也要對付不可透入性——不管它是固體的還是彈性的。所以物質的這種追求常受到阻礙，進而不會也一直得不到滿足或安寧。意志的全部現象的追求就是這種情形。在實現某個目標以後，又開始了一個新的追求過程，就如此反覆以至無窮。植物從種子經過根、莖、枝、葉、花和果，以提高自身的顯現，但最終的結果卻只是新種子的開始，新的個體開端，又按照原有的過程上演，歷經無限的時間循環往復。動物亦是如此：過程的頂點就是生育，完成以後，這一批的個體生命時間不定地走向死亡，與此同時，新個體的出現很自然地保證了這一物種的延續，繼續著相同的過程。無限的流動，恆久的變化，屬於意志的本質顯現，一樣的情形也可以在人們的追求欲望裡看到。這些欲望常常把自身的滿足當作欲求的最後目標來誆騙我們，而一旦實現，就很快又被拋開了；即便我們不願坦率地承認這點，實際上也常常當作消逝的幻想放在一邊。假如還有什麼值得期盼的，能使這遊戲繼續進行而不會陷入停頓，那就是幸運的了。從願望到滿足再到新願望，這一持續不斷的過程要是循環得快，就是幸福，慢，就是痛苦；而陷於停頓之中，就成了僵化生命的空虛無聊，成了毫無對象、模糊無力的妄想，成了致命的苦悶。由此，當意志有意識地把它照亮時，會清楚明白它此時此處的欲求，卻並不明白它根本的欲求。每一個別的活動均有目的，但整體的總欲求卻毫無目的。這就好比每一個別自然現象在隨時隨地顯現時一定有一個充足原因，而在現象中顯出的力卻完全不需要原因，由於這個原因已是自在之物的、沒有根據的意志現象的層次。總體而言，意志的自我認知即是總體表象 —— 整個直觀的世界，它是意志的客體性與顯出，就像鏡子一樣。

無聊和欲望，恰是人生的兩極

勞心勞力，雖然是人們都不願承受，卻一輩子也無法逃避的命運，但是，如果一切欲望還沒出現就已經獲得了滿足，那人們又該用什麼方式來度過漫長人生呢？如果人們生活在童話的世界裡，在那一切都自動生長，烤熟的鴿子在天上飛來飛去，人人都很快就遇到了自己的愛侶，且很容易就擁有了他。假如真是這樣，那麼結果肯定是：一些人無聊得生不如死，甚至會選擇自殺；一些人則刻意找事，互相殘殺，以給自己製造出更多的痛苦。這樣看來，再沒有什麼舞臺更適合這種人活動和生存了。

我已經在前文向大家做了交代：舒適與幸福具有否定的性質，而痛苦則具有肯定的性質——所以，一個人是不是過得幸福，並不能以他曾經擁有的快樂和享受作為衡量標準，而要看他一輩子痛苦和悲哀的程度，這些才具有肯定的性質。不過如此一來，動物所遭受的命運好像比人的命運更容易忍受了。讓我們認真考察一下二者的情形吧。無論幸福與不幸以如何複雜多變的形式呈現，並刺激人們追求幸福，逃避不幸，構成二者的物質基礎都源於身體上的滿意或痛苦。這一基礎不過就是健康、食物、免受惡劣環境的侵襲、得到性慾的滿足，或者沒有這一切。因此，與動物相比，人並沒有享有更多真正的身體享受——除了人的更加高級的神經系統對這些享樂具有更敏感的感受。然而與此相對應的，人對每一種痛苦的感受也更加深刻了。人的身體上被刺激起來的情感，比動物的情感要強很多倍！情緒的波動也激烈得多，深沉得多！但這一切的最終目的卻並不比動物高明：不過是健康、飽暖等罷了。

人和動物之所以表現出這樣不同的情況，完全是由於除了眼前的事，人更多地想到了未來。這樣一來，在經過思維的加工以後，一切的效果都被加強了。也就是說，正由於有了思維，人才有了憂慮、恐懼和希望。這些和現實的苦樂相比，對人的折磨尤甚，而動物所感受到的苦樂，只局限於當前。所以動物不會把歡樂和痛苦累積起來，但人類憑藉著回想和預測做到了這一點。

對動物來說，當前的痛苦，始終是當前的痛苦，就算這一痛苦不斷循環出現，它也只是現在的痛苦，跟它首次出現時沒什麼不一樣，這樣的痛苦也不會有所累積。所以動物們享有那種讓人非常嚮往的無憂無慮。與之相比，由於人類擁有反思和與之相關的東西，那些本來是動物和人類共有的苦樂體驗，在人類這裡的感覺反而大大增強了，而這一切常常會造成瞬間的甚至致命的狂喜，或者是足以引發自殺行為的極度絕望和痛苦。仔細想想，事情就是這樣，與滿足動物的需求相比，滿足人的需求本來只是稍微困難一些，但是為了增強欲望獲得滿足時的快感，就人為地增加了自己的需求：毒品、菸酒、佳餚……與之相關的事物接踵而至。不但這樣，也是由於反思，那些因榮譽感、羞恥感或雄心所產生的快樂或痛苦，也唯有人類才會感受得到。總之，這一苦樂的根源，就是人們對他人如何看待自身的觀點。

人的精神被這一根源所引起的苦樂占據著——事實上，一切其他方面的痛苦或快樂根本不能與之相比。為贏得他人好感的雄心壯志，儘管形式上各式各樣，但差不多每個人都為之努力奮鬥著——而這一切努力已不只是為身體的苦樂了，即使人比動物多了真正智力上的享受——這裡具有等級的差別，從最基本的談話、遊戲，到人類創造的最高的精神智慧的結晶——當然，與之相對應的痛苦卻很無聊，這對動物而言是不能被感知的——處在自然狀態下的動物大致如此，那些被馴養的最聰明的動物也許能感知到這點。

對於人類來說，無聊就像鞭笞般難受，從那些只懂得塞滿錢包卻腦袋空空的可憐蟲身上我們能看到這些痛苦；對他們來說，優良的生活條件已變成一種懲罰，他們陷進無聊的深淵，為了躲避這一恐怖的境地，他們四處旅行，今天到這消遣，明天到那遊玩，剛剛抵達某處，就四處打探可供「消遣」的地方，就像飢腸轆轆的貧困者憂心地探詢救濟單位的所在地。無聊和欲望，恰是人生的兩極。

生活就像一件必須要完成定額的工作

對認知本身來說，無所謂苦痛。痛苦僅和意志有關，它的情形只不過是意志受到阻礙或者抑制。而對此的額外要求就是必須對阻礙和抑制有所認知，這好比光線只有在物體反射光線時才可以照亮空間，聲音只有在出現迴響、共鳴，觸碰到硬物產生空氣波，且限定在特定的距離時才會被耳朵聽見——也正由於此，在孤寂的山巔發出的吶喊和於遼闊的平原上歌唱，唯有低微的音響效果。同理，意志受到的阻礙和抑制，必定有著恰當的認知，所謂的感覺痛苦才會成立，不過對認知本身而言，痛苦仍是陌生的。

因此，感受到身體痛苦的前提，就是神經及其與腦髓的連接。假如切斷了手腳連接腦髓的神經，抑或由於實施了氯仿麻醉，導致腦髓喪失了本身的功能，那麼即便手腳受到損傷，我們也是感知不到的。所以，如果瀕死的人意識消失，隨之出現的身體的抽搐就被看作沒有苦痛，而感知「精神」的痛苦要以認知為條件，就不需贅言了，很容易就可以看出精神的痛苦是隨著認知程度的提高而不斷增加的。因此，我們可以用一個非常形象的比喻來形容二者的關係：意志就像琴弦，對意志的阻礙或抑制就是琴弦的顫動，認知就是琴上的共鳴板，痛苦就是因此產生的聲響。

如此看來，無論意志遭受什麼樣的抑制，植物和無機體都不會有痛感。與之相比，無論是什麼動物，即使是纖毛蟲，都會有痛感，因為認知是動物的共性，不管這一認知有多不完美。伴隨動物等級的提高，認知而感受到的痛感也不斷增強。所以最低等的動物只會感受到最微弱的痛苦，比如身體差點被撕斷的昆蟲，只靠著腸子的一絲黏連還能夠狼吞虎嚥地進食。就算是最高等的動物，由於缺乏思想與概念，它們所感知的痛苦也不能與人的痛苦同日而語。它們只在否定了意志的可能性以後，對痛苦的感知力才能達到最高程度。假如不存在否定意志的可能性，這一感受就變成了毫無意義的痛苦折磨。

年輕時，我們對未來的生活充滿憧憬，就像在劇院裡等著大幕開啟的孩子，迫切而興奮地期待即將上演的好劇。對現實即將發生的事情毫無所知，其實是一種福氣，在對真相瞭如指掌的人看來，這些孩子有時就像一群無辜的少年犯 —— 沒有被判死刑，反而被判要活下去，只是對這個判決所含有的意義，他們並不清楚。即使如此，人們也都想長壽，也都要達到這樣的境界：「從以此後每況愈下，直至最糟糕的一天到來。」

倘若我們能竭盡全力地設想一下，太陽在運轉的過程中照耀到的一切匱乏、痛苦以及磨難的總和，我們就必須得承認：假如像月球那樣，太陽沒有在地球上創造出生命，而地球表面依然處在晶體的狀態下，情況也許會更好一些。我們也能夠把生活看作是在極樂的安寧與虛無中加進的一小段騷動的插曲——即使毫無意義。不管怎樣，即使是那些看起來生活得挺幸福的人，活得越久，越會清楚地了解到：總體而言，生活就是幻滅，不，準確地說就是一場騙局；或者更確切地說：生活具有某種錯綜複雜的氣質。當兩個年輕時的摯友分別了大半生，晚年再度重逢時，二位老人間相互激起的就是「對自己一輩子徹底的幻滅與失望」感，因為只要看見對方，就會喚起自己對過去生活的記憶。在那活力四射的昨日，在他們眼裡，生活散發著多彩的光芒。生活對我們的許諾如此豐富，只是真正履行的又沒有幾個——在昔日知己久別重逢的時候，這種感覺顯然占據了上風，他們甚至不必用語言來描述，而相互心有靈犀，在心靈感應的基礎上暢言懷舊。

如果誰經歷了幾代人的世事滄桑，就會產生一種好似旁觀者的心境：這位觀眾已遍覽市井戲臺上全部的魔術雜耍，假如他一直坐在觀眾席上，接下來的節目不過是同樣表演的循環反覆。這些節目只為一場表演而設，所以在清楚了內容以後，不再有新奇感，重複的表演只會讓人乏味。

假如考慮到宇宙浩繁複雜的布置安排：茫茫宇宙中，數不盡的發著光的、燃燒著的恆星，除了用自己的光熱照別的星球以外，再沒有其他事情可做；而被它們照亮的星球就是不幸與苦難上演的舞臺。身處其中，即使遇到天大的好運，我們能獲得的也只有無聊，就從我們所熟悉的物種來看，如此判斷並不過分 —— 倘若把這一切都考慮進去，那必定會讓人發瘋。

因此沒有絕對值得我們羨慕的人，不過值得我們同情的人卻數之不盡。

生活就像一件必須要完成定額的工作。從這個意義上講，所謂的「安息」確實是最準確的表述。

在這個世界上，人類是被折磨者，同樣也是折磨別人的魔鬼 —— 這裡就是地獄。

人生最大的智慧就是享受當下

並不像人們所說的，這世上的事物特徵只是缺少完美，其實是顛倒和扭曲。不論是人的智力、道德，還是自然物理方面，一切都體現了這一點。

面對諸多惡行，常常會有這樣的藉口傳入我們耳中：「對於人類來說，這樣的行徑其實是自然的。」但這樣的藉口沒有一點說服力；我們對此的回答應該是：「正因為這樣的行為非常惡劣，因此它是自然的；正因為它是自然的，因此它非常惡劣。」假如能準確理解這個思想的含意，那就表明已對原罪學說有所認知了。

我們在評判某個人時，必須要堅持這樣的觀點：此人存在的基礎是「原罪」——某種罪惡、荒謬與顛倒，原本就是一些無勝於有的東西，所以一個人注定要死亡。此人的劣根性必定也是透過這樣一個典型現實反映的：沒有人能經得起真正的審視和檢查。我們還要對人這一類的生物抱有什麼期待呢？所以從這一點出發，我們能更加寬容地評判他人；即使是潛伏在人身上的魔鬼突然甦醒發威，我們也不會過於吃驚；我們也會尤為珍視在他人身上看到的優點，不管這是源自其智力還是別的什麼因素。我們對他人的處境也會更加關注，並會認知到：從本質上講，生活就是一種感到匱乏、不斷需求與經常處於悲慘之中的條件狀態，不論是誰，都得為自己的生存努力奮鬥，所以就不會總是一副笑臉迎人的樣子。

假如人真的像樂觀的宗教與哲學所描述的樣子，也就是說人是上帝的作品，甚或就是上帝的化身，並且不論從什麼意義上講，人這一類生物都是他應該成為的樣子，那麼，在我們與一個人初次見面、加深了解進而相互交往以後，我們所獲得的印象與這種說法會是多麼截然不同啊！

「原諒就是一切。」（《辛白林》，第 5 幕第 5 景）我們要用寬容的態度來對待人們的缺點、愚蠢和惡劣的行徑，因為我們眼前看到的只是人類的共同缺陷。而我們之所以會對這缺陷這樣憤怒，只因此刻我們自己還沒有顯現這些罷了。

也就是說，它們並未出現，而是藏在深處。如果有機會，就會馬上現身，這好比我們從他人那裡獲得的經驗，即使某種弱點在某個人身上會更加清晰，但不能否認的是，由於人具有個體差異性，在一個人身上的全部惡劣因子要比在另一個人身上的劣根性的總和還要多。

生存的虛無感到處都有，顯露無遺：生存的整個形態。空間與時間的無限，相形之下個體在空間與時間上的有限。此刻的匆匆易逝，卻是現實此時僅有的存在形式；所有事物間相互依存又相對的關係；一切都處在不斷變化之中，沒有任何駐留、固定的存在。無限的渴望伴隨著永遠無法得到的滿足，一切付出的努力都受到阻礙，生命的進程就是這樣，直到阻礙被克服為止……時間和它所包含的事物所具有的無常、易逝的本質，只是一種形式罷了，像這樣的努力與奮鬥的虛無本質就以此向生存意志顯現而出，而後者作為自在之物，是永恆存在的。由於時間的緣故，所有的一切都在我們的手中立刻化為虛無，其真正價值也全部消逝了。

以往曾存在過的，現在已不再，就好像從來沒有存在過一樣。但當前存在著的一切，在下一刻就成了過去的存在。所以與最重要和最有意義的過去相比，確實性就是最不重要和最沒意義的現在所具有的根本優勢。因此，現在與過去的關係，就相當於有與無的關係。

人們非常驚訝於這樣的發現：在經過許多個千萬年以後，自己忽然存在了！之後經過不長的一段時間，自己又回歸到漫長時間的非存在。這裡面總有一些不妥 —— 我們的心這樣說。想到這樣一些事情，即使是悟性很低的粗人，也可以隱隱觸碰到時間的觀念。若想真正步入形而上學的殿堂，就一定要清楚作為觀念存在的空間與時間，這為我們理解其他同自然秩序完全不同的事物秩序奠定了基礎。康德的偉大就在這裡。

我們生命裡的一切只在某一刻才屬於現在的「be」，當這一刻過去以後它會永遠變成過去時的「used to be」。每當夜幕降臨，就表明我們又少了一天。眼見我們原本很少的時間漸漸消失不見，這的確會讓我們變得瘋狂，所幸我們的內在深處還隱隱意識到：永不枯竭的源泉屬於我們，生命時間可以藉著這一源泉獲得無限的更新。

基於前述這些思考，我們可以得出這樣的理論：人生最大的智慧，就是享受當前的時刻並使它成為生命裡永恆的目標，因為只有當前的這一刻才是唯一且真實的，其餘的一切只是我們的想法和思緒罷了；不過我們一樣也可以把這類做法看作最大的愚蠢，因為在隨後的時刻發生的，會像上一刻那般夢一樣消失得蹤影全無，不復存在，這類東西永不值得用心地奮力爭取。

唯有不斷消失的現在才是我們生存的基點，此外沒有其他。實質上，我們的生存形式就是連續不斷的變動，那種朝思暮想的安寧基本上是不可能的。人類的生存就像一個跑下山坡的人——若想停下腳步就肯定會摔倒，唯有接著奔跑才能找到平衡以便穩住身體；或者好比在手指上掌握平衡的木桿；再不就像行星，假如停止向前運行，就會撞到太陽。所以生存的根本特徵就是變動不止。

在這樣一個沒有固定性的世界裡，保持不變的狀態是沒法實現的，所有的一切都在變化與循環著。人人都在匆匆前行與奔馳，好比不斷前行、做出很多動作以保證身體平衡的走鋼絲的人——這樣的世界，幸福無從談起。

在一個柏拉圖所說的「只有持續永恆的形成、發展，永無既成存在」的地方，幸福沒有安身之處。沒有人是幸福的，而每個人一輩子都在爭取一種臆想、卻很少獲得的幸福。假如真能得到這樣的幸福，那他嚐到的只有失望、幻滅的滋味。一般來說，在人們終於到達港灣時，搭乘的船隻早已千瘡百孔，風帆、桅杆更是蹤影全無。但鑒於生活僅由稍縱即逝的現在所構成，現在的生活立刻就會完結，所以，一個人究竟曾經是幸福還是不幸，就不太重要了。

存在即失足，生活即幻滅

人所擁有的複雜又極盡巧妙的機體，就是生存意志所顯現的最完美的現象，不過這機體最後仍會歸於塵土，所以這一現象整個的本質與努力顯然也要走向毀滅。從本質上講，意志一切的爭取都是虛幻的 —— 所有這些就是真實的大自然所給予的最樸實和單純的表達。如果存在本身具有真正不附帶條件的價值，那麼這個存在的目的就不應是非存在。歌德優美詩句的字裡行間也隱含著這種感覺：

於古老塔頂的巔峰，
英雄的高貴精靈在上。

首先能從這樣一個事實中推斷出死亡的必然：由於人只是一種現象，因此也就不是「真正實在的」（柏拉圖） —— 假如人確實是自在之物，就不會消亡。而這些現象後面所隱含的自在之物，卻由於自在之物的本性，只能在現象之內顯現出來。我們的開始和我們的結束，兩相對比，反差是如此之大！前者在肉慾創造的幻象和性慾快感帶來的意亂情迷裡產生，後者則伴隨著器官的衰亡和屍體散發的惡臭。在快樂享受生命的問題上，從出生到死亡常常走下坡路：天真無邪的童年，快樂幻想的青年，奮發圖強的中年，年老體衰又讓人憐惜的老年，臨死疾病的折磨和與死神最後的戰鬥，所有這些無不表明：存在即失足，惡果越來越明顯地顯露出來。

生活即幻滅，沒有比這更準確的見解了。一切的一切都正確地表明了這一點。

生活具有某些微觀的特徵：一個不可分的點被空間和時間這兩種強力拉扯。因此我們眼前的生活已被放大了許多。

時間僅是我們思想中的裝置，經過某個意義上的時間的維持，為一切事物（當然也包含我們自己的虛幻存在）穿上一件實實在在的外衣。

為錯失享受快樂或幸福的良機而懊悔傷心，這是非常愚蠢的！這些快樂幸福能維持到如今嗎？只會變成某種無聊的記憶而已。我們真實享受經歷過的事情都是這樣。因此，所謂的「時間」只是個媒介，就像是特地為使我們清楚塵世間快樂的虛無本質而特設的一樣。

不管是人類還是動物，其存在並不是某種永恆不變的事物，剛好相反，這些皆是流動性的存在，只有連續不斷地變化才成為存在，這就像是水中的漩渦。即便身體的「形式」暫時、大概地存在，但前提是身體物質要不停地變化、不停地新陳代謝。所以，時時努力獲取適合流入身體的物質，就是人和動物的第一要務。同時，他們也會意識到上述方式只能暫時維持他們這樣的生存構成，所以隨著死亡的到來，他們非常渴望且身體力行地將其生存透過多種方式傳遞給將要取代他們的生物。這種奮鬥與渴望，出現在自我意識中就是性慾；在對其他事物的意識，即對客體事物的直觀中，則是以生殖器的形式顯現的。這種驅動力就像是把珍珠串聯起來的一條線，線上的珍珠就是那些迅速交替的個體生物。假如在我們的想像裡加快這種交替，且在單一個體與整個序列裡，只以永恆的形式出現，而物質材料一直處於永恆變化之中，由此我們就會認知到，我們不過是一種並不確定的、表面的存在。這種對生存的理解與闡釋構成了柏拉圖學說的基礎，這一學說將告訴我們：存在的只有理念，而與理念相對應的事物，僅具有影子般的構成。

「我們」只是單純的現象，同自在之物完全不同——這一看法在以下事實中得到了最直觀的闡釋：持續的吸收與排泄就是保證我們生存的必要條件，對飲食的需求常常循環出現。個中情形就好像那些需要供應物維持的煙火或噴射出的水流，供應物如果停止，現象也就隨之漸漸停止、消失了。

也可以這樣說，生存意志是透過純粹的現象顯露出來的，所有這些現象最後都將徹底地由有變成無。不過這種「無」及其連帶現象一直都處於生存意志的範圍裡，並以此為根基。當然這些全是模糊且難以表說明的。

假如我們不再從宏觀上審視世事發展的進程 —— 尤其是人類世代更替的迅即及其存在假象的匆匆一現，而轉為觀察人類生活的精細之處（就像喜劇故事中所表現出的那樣），於此，我們所得到的印象，就好像在高倍顯微鏡下觀察充滿纖毛蟲的水滴，或察看一小塊奶酪菌 —— 蟎蟲們的辛苦勞動與時而發生的爭鬥讓我們忍俊不禁，這就像在一個極為窄小的空間內大模大樣地開展嚴肅而隆重的活動，在極為有限的時間內做出相同的舉動，也會產生一樣的喜劇效果。

每一部生活史就是一部痛苦史

我們透過人的生存本身，考量意志中內在的、本質的命運，由此來證明：生命本質上就是痛苦。

不管在什麼層次的認知上，意志皆是以個體的形式出現。作為個體的人，在無限的時空中仍自覺是有限的，與無限的時間和無垠的空間相比，自身以幾乎一個消逝的數量，投入到時空的無限。既然時間與空間無限，那麼個體的人只會有一個相對的某時某地，個體所處的時間與地點也僅是無窮無盡中特別有限的部分。真正個體的生存，只有現時當下。現在會不可避免地逃入過去，就是不斷過渡到死亡，慢性的死。個體過去的生命，排除對現時存在的某些後果，除了銘刻的過去與這一個體意志相關的證據不論，既然已經死去、完結、化為虛無了，如此，個體在適當的情形下就一定會將過去慢慢淡忘，無論那內容是快樂還是痛苦。

我們早已在無知無識的自然界中發現其內在本質就是無休止無目的地追求掙扎，尤其在我們觀察人和動物時，這一點就更加明顯地顯現在我們面前。人的一切本質就是欲望和掙扎。不過需要是全部欲求的基礎，缺陷就意味著痛苦，所以人本來就是痛苦的，人的本質就逃不出痛苦的掌心。假如並非如此，人會因為容易得到滿足，而即時消除了他的欲望，欲求的對象也就隨之消失了，這樣一來，恐怖的無聊與空虛就會乘虛而入，就會讓人感到自身的存在和生存本身是不能承受的負擔。因此，人生的過程就像鐘擺一樣，在痛苦與無聊間不停擺動；實際上，二者就是人生的最後兩種成分。

構成意志的現象本質，就是不停的追求與掙扎。在客體化的較高層次上，它之所以依然占據首要與最為普遍的基地，是因為在這些層次上，意志呈現為一個生命體，並遵從供養這個生命體的原則。而讓這一原則發揮作用，恰恰在於這一生命體即是客體化了的生命意志本身。據此，作為意志最完美的客體化 —— 人也就成了生物中擁有最多需求的生物了。人 —— 全部是具體的欲求與需要，是無數需求的凝聚體。帶著這些需求在這個世上生存，人只能靠自己，一切都沒有定數，只有自己的需要才是最真實的。在如此直接而沉重的需求下，全部人生常常都在為維護那生存而憂慮著。這個世界對他來說，沒有一點安全感。有詩為證：

人生如此黑暗，
危險如此之多；
只要一息尚存，
就這樣、這樣度過！

大多數人的一生都在為生存不斷努力著，即使明知這場戰鬥的結果是失敗。而讓他們可以經得住這場戰鬥的原因既是貪生，更是怕死。不過死畢竟常常站在後臺，且不能避免，隨時會走到臺前來。生命本身就是處處布滿漩渦與暗礁的海洋。人想方設法地想要避開這些漩渦與暗礁，儘管知道自己即便使出「渾身解數」成功避開這些陷阱，也會一步步走向那不可避免的海底葬身，並且是直對著這個結果，駛向死亡。

不過需要注意的是，首先人生的煩惱與痛苦很容易激增，以至於死亡竟成為人所期盼的事情，人們甘願奔向它。其次，人剛剛在痛苦與匱乏中得到喘息，空虛無聊立刻乘虛而入，以至於人又必然尋找消遣。那些有生命的事物忙忙碌碌地運轉，原本是迫於生存，但如果他們的生存已經毫無問題，他們就不知道該怎麼辦了。因此，推動他們的第二個動力就是擺脫這種負擔，讓生存不會被感知，即是打發時間、排遣空虛無聊的掙扎。

這樣我們就看到，幾乎所有無憂無慮的人在拋掉了一切其他的包袱以後，卻把自身當作包袱；現時的情形是，打發掉的每一小時，即曾經為此傾盡全力以使之延長的生命中扣除一分，這反而變成收穫了。不過空虛無聊卻也不是可以輕視的禍害，最後它會在人的面孔上描繪出最鮮活的絕望，它將使像人這樣並不如何互助互愛的生物忽然急切地相互追求，因此它就成了人們喜愛社交的動因了。就如同人們應付其他的災害一樣，為了避免空虛無聊的侵襲，出於政治上的考慮，處處都有公共的設備。由於這一災害與飢餓一樣，會促使人們奔往最大限度的肆無忌憚，人們需要的是「麵包與馬戲」。費城的懺悔院以寂寞和無所事事讓空虛無聊成了一項懲罰的措施；而這種恐怖的懲罰已導致罪犯的自殺。匱乏是平民們平時的災難，與此相對的，空虛無聊就是上流社會平時的災難。在平民生活中，星期日就意味著空虛無聊，六個工作日就意味著匱乏。

由此看來，人生是在欲求和達到欲求間被消磨掉了，願望的本性就是痛苦，願望的達成很快就趨於飽和狀態。目標形同虛設：每擁有一物，就表明讓一物失去了刺激，於是欲求又以新的形態出現，不然寂寞空虛就會乘虛而入。不過和這些東西做鬥爭，並不比與匱乏做鬥爭來得輕鬆 —— 只有當欲求和滿足相交替的時間間隔剛剛好，二者所產生的痛苦又減少到最低時，才能構成幸福的生活過程。這是因為人們習慣上認為生活中最美妙、最純粹的愉快（這種愉快能讓我們從現實生存中超脫而出，讓我們變成對這種生存一點都不心動的旁觀者），就是沒有目的和欲求的單純的認知，好比對美的體會，從藝術上得到的愉悅等等。只有一小部分人可以享受到，即使是這一小部分人，其享受的過程也是很短的，而且因為自己具有較高的智力，讓他們所能感知的痛苦比那些遲鈍的人多很多。不但這樣，也讓他們顯然孤立於和他們不同的人群，那一絲對美的享受也因此被抵消了。

至於絕大部分的普通人，他們不能享受這種純智力的好處，那種從藝術上得到的愉悅，反而完全處在欲求的支配下。因此，如果想引起他們的興趣，受到他們的青睞，就一定要透過某種方式刺激他們的意志，哪怕在可能性中稍稍地觸動一下意志，但絕不能將意志的參與排除在外。這是因為與其說他們在認知中生存，不如說他們在欲求中生存更恰當：作用與反作用就是其僅有的生活要素。這一本性常常不經意地流露出來，從日常現象和生活細節上蒐集這類材料非常容易，比如每到一個旅遊勝地，他們總是寫下「到此一遊」，因為這些地方既對他們不起絲毫反應和作用，他們就用這個來表達他們對此地的反應和作用。再者，他們並不滿足於只是觀賞一隻本地沒有的稀有動物，而是要與牠玩耍，刺激牠，撫弄牠，這些行為同樣是因為作用與反作用。人類刺激意志的需求，在撲克牌的發明和流傳上表現得更為徹底，而這恰恰顯露出人類可悲的一面。

不過大多數情形下，我們都封鎖著自己，避免讓自己接觸到這一苦藥般的認知：生命本質上就還是痛苦。痛苦並不是從外部向我們湧來，痛苦不竭的源泉恰恰是我們自己的內在。而我們卻常常為這從未遠離自己的痛苦找其他原因當藉口，就像人為自己找偶像，好讓自己有個主人一樣。我們不知疲倦地從這一個願望奔向另一個願望，即便獲得的滿足每次都會給我們諸多好處，但實際上卻不是這樣。多半沒過多久就會變成讓人尷尬的錯誤 —— 儘管如此，我們依然在用妲奈伊德的水桶汲水，並且急急忙忙地奔向新的希望：

只要我們所追求的，一天沒有到手，

對我們來說，其價值就超過一切；

不過一旦拿到手，就立刻另有所求。
總有一個渴望緊緊牽引著我們，
我們這些渴求生命的人。

人們所謂的幸福，不論是從其本來意義還是本質上看，都是消極的，沒有一點是積極的。這種幸福並不是因為它自身本來要降福於我們，而必定永遠是個願望的滿足。

由於願望（即是缺陷）本是享受的前提條件，如果達到滿足，願望即完結，享受因而也就結束了。因此，除了從痛苦與窘困中獲得解放以外，滿足與獲得幸福更不能是其他什麼了。想要獲得這種解放，首先不只種種現實的痛苦要顯著，安寧的願望也要不斷受到種種糾纏、擾亂，甚至還要有讓我們感到不堪生存重負的致命的空虛和無聊，想要有所行動卻又這樣艱難——一切打算都會面臨無盡的困難與艱辛，每前進一步，就會遭遇新的阻礙。不過，即便最後克服了一切阻礙達到了目的，人們能夠獲得的，除了從某種痛苦或願望中獲得解放以外，即使再回到這痛苦或願望未起之前的狀態外，也不會獲得其他什麼了——在前面對幸福所下的結論正是基於此，所以全部的滿足或者幸福又不會是持久的滿足與福澤，而只是暫時從痛苦及缺陷中獲得解放，之後必定又進入新的痛苦或沉悶，比如空洞的想望、無聊的狀態。全部這些都能從世界的生活本質中，從藝術中，尤其是從詩中獲得例證。

這樣就會發現，不管是哪一部史詩或戲劇作品，只不過是在表達一種為幸福而做的苦苦掙扎、努力和鬥爭，絕不是在表達一種永恆的完滿的幸福。戲劇的主角，受到寫作的約束，歷盡萬千磨難和危險而艱難達到目的，一旦目的達成，便快速落下舞臺的幕布（全劇終）。顯然，在達到目的以後，除了指出那一醒目的目標 —— 主角曾想方設法要找到幸福的目標，不過是和主角開了一個玩笑，除了指出其在達到目標後並沒有比之前的狀態好多少外，就再沒什麼可以演出的了。真正永恆的幸福是不可能的，所以這幸福也不能成為藝術的題材。田園詩的目的雖然是為了描述這種幸福，但很明顯它也不能擔此重任。在詩人手中，田園詩常常不自覺地成了敘事詩 —— 一種毫無意味的史詩：瑣碎的痛苦、瑣碎的歡樂、瑣碎的奮鬥 —— 最普遍的情形就是如此。

為什麼不能達到永久的滿足，幸福為什麼是消極的 —— 想要弄清楚的這些問題，都已在前面闡釋過了：意志就是一種毫無目標、永無止境的掙扎，而人的生命與任何的現象都是意志的客體化。意志總現象的每個部分都打上了這一永無止境的烙印，從這些部分現象一貫的形式起，從時間和空間的無限起，直至全部現象中最完善的一類 —— 人的生命與掙扎，全都如此虛度了。那是一種好像在夢裡徘徊著的朦朧的追慕與苦難，是在一連串瑣碎思慮的陪伴下經過四個年齡階段而達到死亡。這些人就像是鐘錶一樣的機器，只要上好了發條就能走，卻不清楚為何要走。每當有人出生，就表明一個「人生的鐘」上好了發條，為的是一拍連一拍、一段接一段地重新演奏那已響起過很多次、連聽都不想再聽的街邊風琴的調子，即使其中出現變奏也不足為怪 —— 這樣，每一個體，每張臉及其一輩子的經歷都只是短暫的夢 —— 無盡的自然精神的夢，永恆的生命意志的夢，不過是一幅飄忽不定的畫像，任憑意志在它那無盡的畫幅上隨便塗抹，畫在空間和時間上，讓畫像有個片刻的停留 —— 同無盡的時間相比接近於零的瞬間，隨即抹掉以便為新的畫像騰出空間來。

但是不管是哪一個如此飄忽的畫像，哪一個如此膚淺的念頭，不管它怎樣激烈，怎樣承受深刻的痛苦，最後都一定由整個的生命意志，用害怕已久卻終將面對的死，苦澀的死來償還。人生難以想通的一個方面就在這裡，目睹一具人的屍體會讓我們突然變得嚴肅起來，同樣是出於這個道理。

單個個體的生活，假如從整體看，並僅關注大體的輪廓，所見只有悲劇。不過細察個別的情況，又會見到喜劇的因素。這是因為一日間的蠅營狗苟和辛勤勞動，一刻間的彆扭淘氣，一週間的願望和憂慮，每一時辰的差錯，在經常打算戲弄人的偶然性與巧合性的潤色下，都變為喜劇性的鏡頭。不過那些沒有實現的願望，徒勞的掙扎，為命運殘忍踐踏了的希望，一生中所犯的那些錯誤，以及慢慢增加的痛苦和最後的死亡，就組成了悲劇的演出。如此一來，命運就好像在我們一生遭受痛苦後又特別加入了嘲笑的成分。我們的生命難以避免地注定會含有全部悲劇的創痛，但同時我們還不可以用悲劇人物的尊嚴來自許，而是被迫在生活的各個細節裡成為那些猥瑣的喜劇形象。

儘管每個人的一生都充滿煩惱，使人生常常處於動盪不安的狀態中，卻依然沒法彌補生活對填充精神的無力感，消除人生的空虛和膚淺；也沒法拒絕無聊 —— 它全心等待去填補憂慮空出的每一個間隙。因此又會出現另外一種情形：人的精神除了應對真實世界帶來的憂慮、煩惱和無謂的忙碌外，還有多餘時間在種種迷信的形態下創造出其他幻想世界。人會依據自己的形象來創造諸如妖魔、神靈和聖者等東西，隨後往往會對這些東西定期或不定期地獻祭牲畜、祈禱、修繕寺廟、許願、朝拜、迎神等諸如此類。

這些行為往往與現實有著密切的連繫，甚至還會讓現實蒙上陰影。現實所發生的任何事都會被認定是那些鬼神在主導。只是與鬼神打交道就占去了人生很大一部分時間，並不斷維繫著新的希望，在幻覺的作用下好似要比與真人交往有趣得多。這就是人們雙重需求的特徵與表現：對救援和幫助的需求；對有事可做和打發時間的需求。

我們已經十分概括地考察了人生最基本的輪廓。在這個範疇內，先驗論讓我們堅信，從根本上說，人生已不會有真正的幸福。在本質上，人生就是一個形態繁多的痛苦、慣常不幸的狀況。而假如我們現在盡量用事後證明的方式來研究具體的情況，想像一些場景並在事例中描繪那不可名狀的煩惱、經驗以及歷史所指出的煩惱，而不去考慮人們是向什麼方面看，出於什麼念頭進行研究，這樣，我們就能在心目中更清晰地喚起這一信念了。

我們關於不可避免的、源於生命本質的痛苦所做的論證，本質上是冷靜的、哲學的。每一個從青年時的幻想中清醒過來的人，假如他注意過自己和別人的經驗——不論是在生活中，在當下和往昔的歷史中，還是在傑出詩人的作品中——從許多方面做過觀察，而且沒有受到什麼深刻成見的影響以致影響他的判斷力，那麼他或許會認知到如下的結論：人世間是一座偶然和錯誤的王國，在這一國度中，凡事都由它們支配，不管大事還是小事。

除了它們以外，還有愚昧和惡毒在旁揮動皮鞭，任何較美好的事物唯有突圍這一條路可走，但非常艱難！高貴和明智的事物難以發揮作用或受到人們的關注。不過，思想王國中的謬論與悖理，藝術王國中的庸俗與乏味，行為王國中的得以惡毒與奸詐，事實上除了只被片刻的間歇打亂外，一直都掌握著統治權。與之相對應的是，每一種卓越的事物往往只是個例外，而且是百萬分之一的機率。而對於個人的生活，可以說每一部生活史就是一部痛苦史。從規律上來看，人的一生就是一系列不停發生的大小事故，即使人們極力隱瞞也不能掩蓋這一事實。人們之所以隱瞞，是因為他們明白，別人想到這些恰恰是自己現在能夠倖免的災難的時候，必定難以產生關切和同情，而簡直要說是感到滿足了。但也許完全不可能有這樣一種人，假如他是清醒和坦率的，會在他生命之火燃盡的時候還甘願重複此生的經歷，若是這樣，他寧願選擇從來沒有在這世上存在過。

天才就是靜思默想的人

大部分人從一出生就成為平庸的一員，他們的臉上有著庸俗的表情，從他們能夠清楚地看出：他們的認知活動完全由他們的意志活動決定，二者被緊緊地捆綁在一起，以至於他們除了與意志及其目的相關的事物外，不能感知其他事情。天才的表情 —— 這是一切稟賦很高的人都相像的地方，它來自家族遺傳 —— 相比之下就非常突出，他們的智力從為意志的服務中解脫出來，認知活動勝過了意志活動。

由於所有痛苦都產生於意志活動，而認知本身卻是毫無痛苦或愉快的傾向。因此這讓天才人物飽滿的額頭和清澈、直觀的眼神 —— 由於它們沒有屈尊於意志及其需要 —— 帶上了一種巨大的、好似脫離了塵世的喜悅氣質。有時，當這種喜悅被充分表現出來時，臉部的其他器官，尤其是嘴巴，流露出來的憂鬱正好與之相配合 —— 這種結合可由喬爾丹諾．布魯諾在一部喜劇中的佳句恰如其分地表達出來：「悲哀夾雜著愉快，愉快夾雜著悲哀。」作為智力根源的意志反對智力從事任何與之毫不相關的其他事情。因此，只有當智力脫離意志時—— 即使只是一時—— 它就有可能對外部世界做出純粹客觀和深刻的認知。只要智力依然受意志的束縛，它就不能靠一己之力活動。只要意志不喚醒智力並讓它行動起來，智力就會處於沉睡的狀態中。如果它被意志喚醒，就會根據意志的利益對事物之間的關係做出十分精準的了解和判斷。精明人就是如此，當然他們的智力必須一直處於被意志喚醒的狀態，必須受到意志活動劇烈的刺激和鼓動。

不過，正因為這樣，他們也就沒有機會認知事物的客觀本質。由於意志活動和目的打算讓他們的眼光變得狹隘，他們僅僅看到事物中與意志和目的有關的一部分，對其餘的部分視若無睹，其中一部分則被曲解後在人的意識中出現。例如，一個風塵僕僕的旅行者，只會把萊茵河及其河岸看作地圖上濃重的一撇而已，河上的橋梁就是斷開這一大撇的一條細線。而在一個頭腦中滿是目的和打算的人看來，這個世界就是作戰計劃圖中一處美麗的風景。當然，這些是幫助準確理解的較為極端的例子，不過，意志輕微的興奮和激動就會帶來認知上的一些與前面例子相似的歪曲和變形。只有當智力脫離意志活動的掌控，自由面對客體，且在沒有意志驅動的情形下依然處於特別活躍的狀態時，世界才顯示出真正的色彩和形狀，所有的正確的含意。

當然，出現這種情形與智力的本質和使命相悖，因此，從某種程度上看這種情形是非正常的，也是特別稀有的。不過天才的真實本質也正在於此，也唯有在天才身上，上述狀態才能以非常高的頻率出現。但對於其他人，只有在與此相似的情形下，才會偶然、例外地發生。在《美學的基礎》中約翰·保羅把天才的本質定義為靜思默想，我把這個定義理解為我前面闡述的意思。也就是說普通人沉溺於紛亂、騷動的生活裡，因為他們的意志被這種生活所奴役，他們的頭腦中充滿了生活中的事物和事件，但他們卻對這些事物視若無睹，甚至連生活的客觀意義都沒法領會。這就好比在阿姆斯特丹交易所內的一個商人，旁邊的人說話他都聽得到，但整個交易所發出的好似大海的轟鳴、連續不斷的嗡嗡聲他卻聽不見，而這種聲音卻讓遠觀者非常驚訝。

相形之下，天才的智力和自己的意志，也就是和自己的個人是處在分離狀態的。許多相關事情並未掩蓋這世界和事物本身的本來面目。相反，天才對這些事物有著非常清晰的意識，並且在這些事物的客觀表象中能發現和認知這些事物原本的樣子。從這種意義上講，天才就是靜思默想的人。

正是因為這種靜思默想，畫家才能把他看見的大自然忠實地在畫布之上再現出來。文學家則運用抽象的概念，精準地重新召喚出直觀所見，把普通人只能感知的一切用語言表達出來，進而引入聽眾抑或讀者的意識裡面。動物毫無與人類相似的靜思默想行為，牠們具有意識，也就是說牠們能認出自己及其能感受到的苦與樂，以及引起自身苦與樂的東西。不過，動物的認知向來都是主觀的，永遠都不會客觀，在牠們的認知中所發生的一切都是天經地義的，所以牠們所了解的東西永遠都不可能成為用於描繪、表現的題材，也不會成為需要思考解決的難題。

動物的意識絕對是形而下的。儘管常人與動物的意識並不是同一類，但從本質上講卻有些近似，由於在常人對事物和世界的認知中主觀是最主要的，形而下的成分獲得了優勢地位。常人僅僅對這一世界的事物有所察覺，而不是這一世界本身，他們只是意識到自己在做每件事情的過程中承受的痛苦，而並非自身。隨著他們的意識愈來愈清晰，靜思默想也就表現得愈來愈顯著了。那麼這樣的情況就會漸漸出現：有時——儘管只是極少數情況，而且，這種清晰認知的程度也有很大的差別——這類問題就像閃電一樣在人的頭腦中閃現：「這一切究竟是什麼？」或者「這一切到底是怎樣的？」倘若對第一個問題的認知達到了一定的清晰度，而且連續不斷出現在腦海裡，一個哲學家就這樣誕生了；同樣，第二個問題造就出了文學家或者藝術家。因此，這兩個高尚的使命都源於靜思默想，而人們對這一世界和自身的清晰認知是這種靜思默想氣質的第一來源，他們因此可以對這些事情進行靜思和回顧。不過，整個過程得以發生都是由於智力有了相當的優勢，它可以暫時擺脫原來為之服務的意志的控制。

每個偉大的人物都看似平凡

很多人都期望透過自己良好的意志獲得成功，然而這不可能如願。因為這一意志僅是引向個人的一個目的，而一旦烙上個人目的的印記，詩歌、藝術或哲學就永遠不能受到真正嚴肅認真的對待。所以用「自己擋住自己的光線」這句話來形容這種人非常恰當。他們不會意識到只有當智力脫離了意志及其所有控制，能夠自由活動時，我們才能真正進行創作，因為此時我們才會產生真正的關切。這對那些粗製濫造者而言是一件好事，否則他們就得自殺了。在道德範疇內，良好、善良的意志即是一切，但在藝術上，它則一無是處。正如「藝術」（kunst，指藝術、技藝、能力）這詞早已表明的，能力才是唯一重要的東西。

問題說到底在於一個人真正關切的到底是什麼。幾乎對每個人而言，他們真正關心的只有自身以及整個家庭的安逸。因此，他們能做的一切也就是努力實現這一目的。因為決心、人為和具有目的性的努力都不能賦予、補足，或者更準確地說，借給他們一種真正意義上的、誠摯的關切。這是由於我們的關切之處總是由大自然做出安排，且保持不變，如果這種關切面臨缺少的情況，人們做任何事情都只會敷衍了事。同理，天才往往都很少對自身的安逸多加注意。就像一個鉛造的搖擺物總是由於重心所限停在它該停的位置，同樣，一個人的智力總會駐守在他自己真心關切的地方。

所以，只有那些真正關心的並非個人與實際的事務，而是客觀的與理論性的東西的人——他們是為數不多的非一般人物，才能認知到事物和這一世界的本質性的東西，即至高的真理，並且以他們獨有的方式把這一認知再現出來。如此對處於自身以外的客體抱有熱切關注，對人的本性來說是陌生的、非自然的和真正超自然的。當然也正因為這樣，這種人才配得上偉大的名號。人們認為控制和引導天才們的「精靈」是他們創造出來的東西的主要成因。對天才們而言，他們創作的畫作、詩歌抑或思想作品就是目的；但對粗製濫造者來說，這些只不過是手段罷了。

後者透過這些手段尋找自己的利益，一般而言他們也懂得怎樣謀取自己的利益，因為他們緊隨同時代的大眾，時刻準備著為同時代人變幻不定、反覆無常的需要效力。因此這些人的生活境況通常都不錯，但天才卻往往遭遇悲慘的境況——這是因為天才以犧牲個人的安樂為代價來實現客觀的目標。天才這樣做也是迫不得已，因為客觀目標才是他關切的真正所在。對粗製濫造者來說，如此做法在他們身上永遠不會發生，因此，他們是渺小的，而天才則是偉大的。天才的作品是留給全部時代的一筆財富，但這些作品往往只在後世才開始得到承認。前一種人則與他們的時代生死與共。總之，唯有那些透過自己的勞動 —— 不論是實際性的工作抑或理論性的作品 —— 追求純粹客觀目的而並非謀取個人利益的人，才是偉大的。

即使在日常生活中人們誤解了這一目的，即使這一目的因此變成一種過錯或者罪行，他依然是偉大的。他並沒有謀取自身的利益 —— 僅憑這一點，不管在什麼情況下都能用偉大來形容他。相比之下，一切指向個人利益的行為和努力都是渺小的，因為受這種目的驅使而活動的人只在弱小的和轉瞬即逝的自身發現自己，而能夠在每一種事物，也就是在全部事物中都認出自身的人就是偉大的，他們與其他只活在微觀宇宙裡的人不同，他們活在宏觀宇宙裡。

為此，事物的整體與他息息相關，而在認知事物的過程中他也試圖領會和理解這一整體，以便將其表現出來，或者對這一整體做出相關解釋，又或者在實際中對這一整體施予影響。這是因為他對這一整體非常熟悉，他能感覺到自己與這一整體密切相關。由於他在自身以外擴大了認知的範圍，我們才將其稱為偉大。這一崇高的稱號只屬於那些真正的英雄和天才，不管在什麼意義上，他們都當之無愧。他們與一般人具有的人類本性不同，並未追求自己個人的利益；他們並非為了自己，而是為了所有人而活。不過，即便大部分人永遠都是渺小不堪，無法成為偉大，但反過來說法卻並不成立，也就是說，一個人的偉大是完全的偉大，每時每刻都是如此偉大：

> 由於人是用泥土做成，
> 習慣是他的乳娘。
>
> ——席勒《華倫斯坦之死》

所以說，在很長一段時間裡，每個偉大的人物看似只是一個平凡的人，他們只看到自己，而這就意味著渺小。「沒有人在自己的貼身僕人面前是一個英雄」正是基於這一道理，它並不是說這個僕人不知道欣賞這個英雄。歌德在《親和力》中把這一道理作為奧蒂莉出乎意料的思想表達了出來。

人們總是固執地堅持自己的錯誤

如果我們對某一事情有了堅定的看法，對於同樣事情的新看法和意見就會被我們拒絕和否定——這是非常自然的。因為這些不同的意見對我們已經形成了一體的信念，它擾亂了我們從自身的看法中獲取的寧靜；新的觀點還要求我們重新思考，並且宣布自己在之前所做的思考和努力只不過是水中撈月。由此可知，糾正我們錯誤的真理就好比苦口良藥，而且，像苦藥一般，服用時不會立刻就顯現其療效，只有過了一定的時間以後才會發揮出效果。

因此，我們看到個人固執地堅持自己的錯誤，大眾尤其如此：對他們既定的看法，即使千百年的經驗和教誨也發揮不了多大的作用。所以，某些受到人們普遍喜愛並被深信不疑的錯誤看法就這樣每天透過數以百萬計張嘴不斷地重複。我收集了一些這樣的錯誤看法，希望讀者能做更多的補充：

1. 自殺是膽小懦弱的行為。
2. 不信任別人的人證明他自己就是不誠實的。

3. 有著卓越功勛的人和那些思想的天才，其自謙是來自內心的。
4. 瘋癲之人是最不幸的。
5. 哲學是無法學習的，但卻可以學會研究哲學—而事實真相卻正好與此相反。
6. 創作優秀的喜劇要比創作優秀的悲劇難。
7. 懂得一點點哲學會讓人不相信上帝，懂得很多哲學卻會讓人信奉上帝（這個人云亦云的說法是培根首先提出來的）—是嗎？真是這樣嗎？
8. 英文「Knowledge is power」（「知識就是力量」）—完全是混帳的鬼話！

一個人可以知識淵博，但卻不會因此就能擁有丁點力量（或權力）；另一個人非常有力量（或權力），卻不會因此就一定知識淵博。因此，希羅多德正確地表達了與這相反的說法：「最痛苦的事莫過於懂得很多，但對事情卻無能為力。」有時，一個人的所知會讓他擁有對付別人的力量，例如，他知道他人的隱私或他人不知他的底細，諸如此類。但這依然不能充分證實「知識就是力量」這一說法是正確的。

許多人還沒有對這些說法做一番深思就彼此鸚鵡學舌，因為這些說法乍一聽起來好似很有道理。當我們旅行時就能感覺到大眾的思維方式是如此的生硬、如此的僵化，和他們打交道非常困難。這是因為倘若誰要是有幸與書為伴的時間比與人為伴的時間更長，那他就會認為知識、思想的交流很輕鬆、很容易，相互心靈間的傳達、回應很迅速。如此，他就很容易忘記其實在現實的世俗人群當中的情形全然是另外一個樣子。最後，這個人甚至會認為他得到的每個深刻見解馬上就會成為全人類共同的財產。實際上，我們只需要坐火車旅行一日就會發現：不論我們在哪裡，人們固守的一些偏見、謬誤，他們的生活方式、風俗習慣以及衣著樣式可以歷經數個世紀，這個地方與我們前一天到過的地方有很大的不同。人們所操的方言也是這種情形。由此，我們就能得出這樣的判斷：書本與大眾之間存在巨大的鴻溝，被認可的真理邁向大眾的腳步是緩慢的 —— 儘管這些腳步都是確實和肯定的。因此，就其傳遞的速度，除了智力之光，沒有什麼更難同自然之光相比的了。

所有這些因素讓我們得到這樣一個結論：大眾很少思考事情，在這方面的時間和練習都是非常少。然而，即便大眾或許會長時間抱住錯誤不放，相比之下，大眾卻和學術界不同，學術界就像是每天改變言論風向的風信雞。這可以說是一件很幸運的事了。否則只要想想那人多勢眾的龐大群體將迅速變換運動就非常嚇人了，尤其是當我們考慮到：大眾如果轉換其行進的路線，一切就會被推翻、一切都將被捲走。

庸人缺的是判斷力和自己的思想

對知識的渴求，倘若目標瞄準的是事物普遍的原理，就可以稱之為求知欲。倘若渴求知道的東西是單個的、零星之物，那就應該被稱為「好奇」。

一副結構良好並因此具有細膩判斷力的頭腦具有兩大長處。其一就是在其看到過的、閱讀過和經歷過的所有事物當中，只有最重要的、最有意味的東西才能吸引這種頭腦，並自然而然地留在記憶之中。將來若有需要的話，這些東西就會招之即來，而其他一些無足輕重的則不要留下。這種人的記憶就像細密的篩子：剩下來的都是大塊的東西；而另外一些人的記憶就像是粗眼的篩子：除了那些偶然的零星之物以外，其他一切都被漏掉了。有這種頭腦的人的另一個長處與上述長處有著一定的關係，也就是：凡是與某一事物或問題性質相同、相類似的，或有著某種相關聯的東西 —— 無論這些東西相距多麼遙遠 —— 都會在這腦海中適時地出現。這是因為這種人抓住了事物的本質。

這樣即使是各種事物彼此之間的差別很大，甚至會截然不同，他們依然一眼就能認出這些事物的同一原理和事物間的關聯。

智力是以其強度（或深度）著稱的，而並非以其廣度。正因為這樣，在這方面一個人可以大膽地和一萬個人去較量一番，即便是一千個傻瓜湊在一起也變不成一個聰明、理智的人。

充斥這個世界的那些平庸、可憐的人真正缺乏的就是兩種彼此關係緊密的能力，即判斷力與擁有自己的思想。庸人在這兩方面的缺乏程度，那些不屬於此類的人難以想像，也正因為如此，後一種人很難明確意識到前一種人的生存是如何貧乏和可憐，以及「愚蠢的人所飽嘗的苦悶和厭倦」。而這兩種思想能力的缺乏正是對那些在各國泛濫、被同一時代人稱作「文學」的作品，它們的內容十分低劣，而真正的作品在面世時卻常常遭受到厄運的合理解釋。所有真正的文學和思想作品都想在某種程度上讓渺小的頭腦與偉大的思想形成共鳴，這就難怪這種努力不會馬上獲得成功了。作者是否能給予讀者滿足，關鍵就在於作者和讀者在思維方式上能不能形成共鳴，這種共鳴越完美，讀者感受到的滿足就會越大。因此，具有偉大思想的作者也只能被擁有非一般思想的讀者所完全欣賞。這正是平庸、拙劣的作者讓有思想的人感到反感、厭惡的原因，甚至和大部分人的交談也會出現這樣的情況，真的就是無處不在的能力不足和不相協調。既然講到了這個話題，在此一併提醒大家：我們不應該只因為某一新奇與或許是真實的話或思想出於某本劣書或是某一個傻瓜的嘴巴就貶低它的價值，因為那本劣書竊取了這一思想，而傻瓜只會隨聲附和 —— 當然，這個事實會被隱藏起來。此外，有句西班牙諺語也這樣說：「傻瓜了解自己的家甚於聰明人了解別人的屋子。」同理，對自己熟悉的領域每個人都比別人更加了解。最後，就像大家知道的，即便一隻瞎眼的母雞也會找到一小粒玉米，甚至連「沒有思想精神之人其內在是一個謎」這句話也是對的。因此，「就是園丁也常做出驚人之語」。

這樣的事情也是有的：在很久以前我們曾聽到過一個非常普通、沒有受過教育的人說的一句話，或是講述的某一經歷，對此我們很長時間都無法忘記。不過，我們會因為這些東西出自沒有受過教育者之口就低估它們的價值，或將它們視為早已為人知曉的。那樣，我們現在就應該問問自己：在相隔這麼長的時間裡我們是不是再一次聽過或是讀過這些東西？如果答案是否定的，那我們就應該敬重它們。我們總不會因為鑽石是在糞堆裡找到的就不珍視它吧。

經過深思熟慮的東西才是我們的真知

即便是藏書最為豐富的圖書館，倘若裡面的書籍胡亂擺放，那麼它的實際用處還不如一個收藏不多卻整理得井然有序的小圖書室。同理，倘若大量的知識沒有經過自己細心的思考加工，那麼它的價值也遠遠低於數量較少卻經過大腦反覆思考的知識。這是因為只有將每一個真實的知識進行比較，並把我們所知的東西從每個角度和方面去融會貫通以後，才算是我們徹底掌握了這些知識，它們也才能完全地為我們所用。我們需要深思自己所知的東西——這樣才能真正學到一些道理，也就是說，唯有經過深思熟慮的東西才是我們的真知。

然而，即便我們能夠任意安排自己的閱讀和學習，卻不能任意安排自己的思考，就像是火的燃燒需要在通風的情況下才能進行一樣。同理，我們的思考活動必定能讓我們對思考對象產生興趣、激發情感。當然這種興趣可以是純客觀的，也可以是出於主體的利益。只有當涉及個人事務時，人們才能感受到這種因為主體因素而產生的興趣，而對事物產生客觀的興趣則只是本質上喜愛思考的人的

事情 —— 大自然賦予他們喜愛思考的頭腦，對於他們而言，思考就像呼吸一樣自然。只可惜這樣的人非常稀少，所以大部分人很少對事物產生客觀的興趣。

獨立自主的思考和閱讀書籍對我們在精神思想上產生的效果是完全不同的。其差別之大是不能預料，甚至難以置信的。因此，這種不同的效果讓那些在精神能力方面原本就有差別的人差距拉得更大了。因為根據不同的思想能力，人們大都傾向於獨立思考或閱讀別人的思想。也就是說，閱讀強行給我們帶來了一種與我們之前的精神情緒和思想傾向完全不同的、陌生的思想，兩者的不同就像圖章和火漆 —— 圖章要強行在火漆上留下印痕。如此一來，我們的頭腦精神就會在一種來自外在的壓力下去思考，接著又要思索這一道理 —— 而我們在進行這樣或那樣的思考活動時，是毫無欲望和情緒的。與之相比，當我們自主思考時，我們只是遵從自己的興致，而這種瞬間的興致卻是受外在的環境或我們頭腦中的某一份記憶所限定的。換句話說，我們所見的外在環境並不是像閱讀時那樣，將某一確定的見解強行加入我們的頭腦，它只為我們提供同當時我們的思考能力相稱的素材和機會。因此，閱讀得太多會讓我們的精神喪失彈性，就像將一個重物長時間地壓在一根彈簧上，那麼這根彈簧就會喪失彈性。確保沒有自己思想的最穩妥的辦法，就是在空閒的每一分鐘，隨時拿起一本書來讀。這種習慣能夠解釋為什麼死記硬背的書呆子最後往往變得頭腦簡單和愚蠢，而他們的文字寫作也沒有得到更進一步的提高。就像波普所說的，這些人只是一味地閱讀別人，卻從未被別人閱讀。

書呆子就是閱讀書本的人，但是思想家、天才，以及照亮整個世界並推動人類進步的人所閱讀的卻是世事、人生這樣一本大書。

總之，自己的根本思想產生是真理和生命力的基礎：因為我們真正、完全了解的是我們的思想。我們閱讀的別人的思想只是他們留下的殘茶剩飯，是陌生人脫下來的衣服。

透過閱讀所獲得的思想永遠是屬於別人的，與自己的思想相比，就像史前時代的植物化石與在春天怒放的植物一樣。

閱讀不過是我們思考的替代品，閱讀時，我們的思想往往是被別人牽引著的。除此以外，大部分書本的用途只是為我們指明錯誤的道路竟然如此之多，一旦我們放任自己的思想，就會拐入不可預想的迷途。而聽從自己守護神的指引，知道自主、獨立、正確思考的人，卻牢牢地掌握著可以找到正確方向的羅盤。所以我們最好在自己的思想源泉出現乾枯時再進行閱讀——而這種思想乾枯，對於那些頭腦思想優秀的人而言，也是非常平常的。而將自己的、最原始的思想趕走和消除的目的，只不過是為了閱讀隨手翻開的一本書——這樣做就像是為了察看植物標本或者欣賞銅刻的大自然而刻意迴避真實的、一望無際的大自然。

雖然有時我們可以輕而易舉地在一本書中找到自己原本需要艱辛、緩慢的思考才能發現的某一見解或真理，但是透過自己思考後所得到的見解或真理卻更有價值。這是因為只有自己思考後的見解或真理才會真正地融入我們的思想體系中，成為整體中的一個重要組成部分和某一活的肢節，從而與我們總體的思想完美連繫在一起，我們才能了解其根據和結果，而這種見解或真理也就帶上了我們自己思維模式的色彩、色調。當我們需要它時，這一認知就會呼之即來，為我們所用。因此這種見解或真理是有扎實的基礎的，而且不會消失。由此我之前提到的歌德的那兩句詩在這裡可以完全適用，並得到合理的闡釋：

我們只有流下熱汗，

才可以重新擁有先父們留下的遺產。

也就是說，那些獨立思考的人，只有在以後才能了解並贊同自己看法的權威，而那些權威的看法也只是確認了他的見解，並增強了他的自信心。與之相比，那些書本哲學家常常是從權威的看法出發，將閱讀後得到的別人的見解、看法綜合成一個整體。這種經過東拚西湊形成的思想體系就像由一些陌生、奇特、怪異的零部件構成的機器人，但是獨立、自行的思想整體卻好像一個活生生的人。出現這種情形的原因是，獨立、自行的思想就是以活人誕生的類似方式產生的：思考的頭腦接受了外在世界的播種，思想的果實也就跟著生成了。

第二章
美是神的賜予，不要輕易拋擲

純粹的經驗不能取代思考

純粹的經驗與閱讀一樣，不能取代思考。純粹的經驗與思考的關係就像進食與消化吸收。當經驗吹噓只有透過自己的發現才能夠促使人類知識的發展時，那麼無異於嘴巴吹噓說：「整個身體的生存都是嘴巴的功勞。」

真正意義上的思想作品與其他泛泛的作品差別在於，前者具有斷然、確切的特質，並連帶由此得到清晰、明了。這是因為有思想的人肯定會清楚、明確地知道自己想要表述什麼 —— 當然，表述的方式可以是散文、詩歌、音樂。不過思想平庸的人所缺少的正是這種乾脆、果斷、清楚和明晰。只從這方面，我們就可以將這兩種不同思想的人輕鬆地區別開。

真正的思想家具有一種特殊的標記，那就是他們在做出判斷時所表現出的直截了當、絕不含糊。他們要表達的所有東西都是經過自己思考的，甚至連他們表達自己見解的方式也能夠顯示出這一點。因此，在思想的王國裡這些思想家具有一種王者般直截了當的特點，而其他人則是迂迴曲折、顧左右而言他 —— 我們可以從他們那種缺少自我特色的表達風格上看出這一點。

因此我們可以說，真正獨立思考的思想家與王國中的王侯沒有差別：他在表達上單刀直入，從不躲閃、畏懼；他在判斷上如同君王簽發的命令，不只發自自身充足的力量，而且一樣是直截了當的。正是因為，這樣的思想家從來都不會乖乖地採納那些所謂權威的看法，就像君王從不接受命令一樣。相反，他只承認經過自己證實了的東西，而那些思維平庸的人，因為他們的頭腦受制於各種流行觀念、權威說法以及世俗偏見，他們同那些只會默默服從法律、遵守秩序的普羅大眾沒什麼區別。

那些急切、慌忙拿出某些權威說法來決定有爭議問題的人，在搬來別人的理論、思想見解作為自己的救兵時，顯得特別得意，因為他們根本無法依靠自己的行動觀察和理解，這些也正是他們所缺少的東西。這種人在社會上的數目也非常驚人，就像塞尼加說的那樣，「每個人寧願相信更甚於判斷」。因此，每遇到有爭議的問題，權威的說法就成了他們用以擊敗對方的武器。假如有人捲入這一類辯論之中，那麼他一定不要運用實踐和理論論證來捍衛自己的觀點。因為對待這樣的武器，對手可是潛入無法思維和判斷洪水裡的帶角的西格弗里德。因此，只能把這些人認為權威的說法搬出來，作為有效的論證，之後，大聲喊：「我們贏了！」

現實的生活儘管有時是那樣的怡人、甜蜜、愜意，但是我們卻常常生活在一種自我排斥的沉鬱氣氛之下，但在思想生活中，我們卻成了一個個沒有皮囊的精靈，既沒了重擔也沒了苦難。因此，一個奇妙、豐富的思想頭腦會在一種神奇的時刻尋找到自身的幸福，這個世界上任何幸福都無法與之相比。

大腦中的思想就像是我們的愛人一樣：我們都認為自己一生也不會忘記這一思想，我們的愛人也一生都會愛自己，永遠不會變心；但是眼不見，心不想。最精湛的思想如果不是我們用筆把它記下來的話，也許從此就會徹底遺忘，沒法挽回了。

人們有時能夠醞釀出很多對自己有很大價值的思想和理論，但是在這裡面卻只有很少的思想具有能力經由共鳴或者反射而照常產生效果，意思就是，只有很少的思想與理論在寫下來以後依然能夠引起大家的注意。

不論是白天還是黑夜，我們都需要隨時豎起耳朵，不自覺地通知自己獵物或者追捕者的到來。

歷史的價值就是讓人和人性聯成一體

歷史對於人類就好像理性機能對於個人一樣。意思是說，正是得益於人類的理性機能，人類才不會像動物那樣只局限於狹窄而又直觀所見的現在，而是在此基礎上又認知到了大大擴張了範圍的過去——它既與現在相連接，也是形成現在的理由所在。人類也只有經過這種方式才能真正明白現在本身，甚至是推論將來。

對於動物來說，因為它們欠缺反省與回顧的能力，就只能局限於直觀所見，即局限於現在。因此，動物與人們在一起就是頭腦簡單的、渾渾噩噩的、無知的、無助的、聽天由命的，即使馴服了的動物也是這樣。

與這種情況相似的是一個民族不認識自己過去的歷史，只局限於當前這一代人所處的現在。這樣的民族對於自己本身及現在所處的時代都不能正確地理解，因為他們無法將現在和過去連繫在一起，並利用過去來解釋現在，於是他們也就更加不能預測將來。一個民族只有透過認識歷史才能對自己的民族有一個完整的認知。所以，歷史就能被稱作人類的理性自我意識。歷史對於人類就相當於以理性機能作為條件的協調統一、回顧反省的意識作用於個人。動物就因為缺少這統一、反省的意識而囿於現在，因此歷史中存在的每一個空缺就好像一個人的反省這種自我意識中的空缺。

我們在面對古代的紀念物時，比如古廟、金字塔、尤卡坦半島的舊宮殿等，假如沒有了解這些古物內涵，那麼我們就會茫然沒有頭緒，就像是聽人使喚、被人奴役的動物一樣。或者說就像對著自己曾經寫下的暗號，但現在忘了它代表的是什麼。這種現象就好像一個夢遊者早上醒來時想到自己夢遊時所做出的事情是那麼不可思議一樣。

從這一意義上講，歷史又可以看作人類的理性或反省意識：它代表了全人類所直接共有的一種自我意識，在這種歷史的作用下，我們人類和人性才真正連繫成了一個整體。這就是歷史所存在的真正價值。

由此，人類對歷史所共有的、壓倒性的興趣就在於歷史是人類對自己的關注。語言對於個人的理性（語言是運用理性不可或缺的條件）來說，就相當於文字在這裡已經指出了整個人類的理性。因為只有文字出現以後，整個人類的理性才得以真正的存在，情形就好像只有在有了語言以後個人的理性才會存在一樣。

意思是說，文字把那些被死亡頻頻中斷並因此而變得支離破碎的人類意識恢復成一體。於是前人所產生的思想就可以交由後代子孫繼續思考和完成。人類及其意識的整體被分裂成了不計其數而又轉瞬即逝的個體，於是文字對此做出了補救，並對抗著不可遏制地匆匆消逝、總是被人遺忘的時間。石頭文物有如書寫文字，亦可被視為人們所做出的補救努力，何況不少石頭文物比書寫的文字還要古老。那些動用了不計其數的人力、物力，費時良久才建造出來的金字塔、墓穴、巨雕、石塔、廟宇、城樓 —— 面對這些浩大的人類成就，誰又能想到那些發起建築這些傑作的人，眼裡只顧盯著他們自己尤其短暫的一生？

我們要知道，這些發起人在其有生之年都看不到這些建築物的竣工。或者誰又會料到他們這樣做真的只是為了排場、炫耀而已？真的相信這被那些粗俗愚昧的大眾硬逼著說出來的藉口？

顯然，這些人的真正意圖就是向相隔甚遠的後代傳話，與這些後代建立連繫，從而統一人類的意識。印度、埃及、希臘和羅馬遺留下來的建築物都是為了能保存數千年而精心設計的，因為這些古人有著更高級的文明，因此他們有著更寬更廣的視線範圍。

相比之下，中世紀和近代的建築物卻只是計劃保留數個世紀而已。這也是因為文字已經普遍使用，尤其是印刷技術發明以後，留下文字更讓人們放心了。即便是近代建築，我們也不難從中看到那種想要傳話給後世的衝動。

所以破壞或者損毀這些建築物來用於低級、實用服務的目的就是可恥的行徑。文字紀念物和石頭紀念物相比，它並不怎麼懼怕大自然的風雨侵蝕，擔憂的卻是人的野蠻、破壞行徑，因為人的這種行為能夠發揮更大的負面威力。埃及人打算把這兩種紀念物結合為一體，於是他們在石頭建造物上面添加了象形文字，甚至還補充了一些圖畫——以防在未來的日子，無人能再理解那些象形文字所要傳達的意義。

美是清晰可見的

我們在青少年時代所獲得的印象都充滿著意義。在生命旅程的黎明階段，呈現於我們眼前的事物，都是表現理念性的一類東西，且被做了驚人的美化。這是因為，最初的印象讓我們首次了解到這一個別事物的種類，且新奇無比。因此在我們看來，每一個別事物就代表著它這一類的事物。我們從中掌握了這一類事物的柏拉圖式的理念，而對於美的理解，這一理念尤為重要。

毫無疑問，「美」（schon）這個詞與英文「to show」（展現）同源且相關聯，因此「showy」就有著耀眼奪目之意，「what shows well」則是「很好地展現出來」。因而美就是清晰可見，被直接觀照的，這樣就是清晰顯現了含義豐富的柏拉圖式的理念。

從根本上說，「美麗如畫」（malerisch）一詞的含義同「schon」（美麗）一詞相同，因為前者形容那種既展示自身，也將種類的理念清晰呈現出來的事物。這個詞用來形容畫家（Maler）的表現手法再適合不過，因為畫家慣於表現和突出理念，而審美中的客體部分就是由理念構成的。

人體的美麗與優雅相結合，就是最高級別的意志的客體化的清晰呈現。正是因此，造型藝術所能達到的最高成就不外乎就是展現人體的美麗與優雅的完美結合。

就像我在《意志和表象的世界》中所說的，大自然之物都是美的，所以每一種動物也是美的。假如在某些動物身上這種美並不十分突出，原因就是我們沒有從一種純粹客觀的角度對其進行觀照，即掌握其理念的狀態，我們常因一些不可避免的聯想而脫離這一客觀的狀態。

大多情況下，這是一種讓我們被迫接受的某一相似之處所造成的，比如人同猴子間的相似之處。由此我們就不能明確猴子這一動物的理念，而只見某種人的歪曲形象。癩蛤蟆同汙泥、泥漿的相似處也帶來了一樣的效果。

即便如此，依然難以解釋為何有些人在看到這些動物時會感到厭惡、恐懼，有些人看到蜘蛛甚至也會產生這樣的感受。原因好像是更深層次的某種形而上的、神祕的連繫。這樣的一個事實好像可以用來證明我的這一說法：這些動物往往被用作意念治療，所以帶著某種魔法目的。

比如將蜘蛛藏在堅果殼裡，由病人將其掛在脖子上，直到它死去。這一做法據說可以驅除熱病；或者，在遭遇大到足以致命的危險時，將一隻癩蛤蟆放在密封的容器中，裡面裝滿病人的尿液，在正午時鐘剛好敲響十二下時，將容器埋在屋子的地窖中。然而，這種把動物慢慢折磨至死的行為是需要向永恆堅定的正義贖罪的。這再一次說明了人們為什麼會有這樣的想法：誰如果練就了巫術與魔法，那他就是和撒旦簽訂了契約。

美是神的賜予，不要輕易拋擲

柏拉圖把人分成兩類，分別是性格隨和的人與脾氣彆扭的人。他指出關於快樂與痛苦的印象，不同的人會有不同程度的受容性，因此即便經歷一樣的事情，有些人痛苦絕望，有些人卻一笑而過。或許是因為對痛苦印象的受容性越強的人對快樂印象的受容性就越弱，反之亦然。任何事情的結果不是好就是壞。總是擔憂、煩惱著事情可能轉壞，所以即便是好的結果來了，他們也無法快活起來。

另一方面，是不擔心結果的人，倘若是好的結果，他們就非常快樂。

這就像是兩個人，其中一人的十次事業即便成功了九次，但仍然不快樂，就因為那一次的失敗而懊惱不已；另外那個人即使只成功了一次，但他卻在這次成功裡獲得了安慰和樂趣。不過，凡事有利就有弊，有弊也必定有利，個性憂鬱的人所遭受和必須克服的艱難困苦大多是自己想像出來的，快樂而沒心沒肺的人所遭受的困苦全是確確實實的。所以凡事往壞處想的人不會輕易受到失望的打擊，而凡事只看陽光一面的人卻常常無法如願。

內心本就憂鬱的人如果患上精神病或消化器官損傷症，就有可能會因為長期的身體不適讓憂鬱變成對生命的厭倦。即使是一些小小的不順心也會讓他走上自殺的道路，更加糟糕的是，即便沒有發生特別事件一樣會自殺。這種人因為長久的不幸福而想自殺，而且會冷靜又堅定地執行自己的決定。

倘若我們觀察到一個這樣的受苦者，他厭倦生命到了極致時，確實能夠發現他沒有絲毫的顫慄、掙扎和畏縮，只是焦急地待他人疏忽之時，馬上採取自殺行動，自殺差不多便成了最自然、最受歡迎的解脫工具。即便是世上最健康最快樂的人也可能會自殺，只要他對外在的困難和不能避免的厄運的恐懼大於他對死亡的恐懼，就自然會選擇自殺。

對於快樂的人，只有在遭受極度的苦難時才會不得不選擇自殺以尋求解脫。對本就抑鬱的人來說，只要小小的苦難就會讓他自殺。二者的差別就在於受苦的程度不同。越是抑鬱的人所需要的程度越低，甚至低至零度。但一個健康又快樂的人，不是高度的苦難不足以讓他自殺。

內在病態抑鬱情緒的加強可以導致人的自殺，外在巨大的苦難一樣也會讓人自殺，在純粹內在到純粹外在的起因的兩個極端之間，確實仍有不同的程度。

美也是健康的表現之一。即便美只是個人的一個優點，不能與幸福構成直接的關係，但它間接地給了別人一種幸福的印象。因此美對於男人而言，一樣也有它的重要性。可以說美是一封打開了的介紹信，讓一切看到這封信的人對持信人都會產生好感，歡喜心自然而生。荷馬說得好：美是神的賜予，不要輕易抛擲。

音樂是人人都懂的語言

我們可以把音樂視為真正最普遍且人人都懂的語言，因此，人們處在世界各地、上下幾千年都無比熱切、專心地運用這門獨特的語言，從未間斷。一曲回味無窮的旋律很快就不脛而走，傳遍世界的每一個角落；相比而言，一段空洞而無物的旋律要不了多久就自然地銷聲匿跡了。這一事實說明旋律是很容易被人們所理解的。不過音樂本身卻不是一種寫景狀物的手段，只是用來傳達內心哀樂之情的最佳工具，而喜怒哀樂對於人的意志來說卻是唯一的現實。音樂會向我們的心盡情地傾訴，但是卻從來不直接向我們的大腦講述任何東西。如果我們期望音樂做到後者，就好像人們在所有的描繪性音樂中所期望的那樣，那純粹就是對音樂的濫用。這樣的音樂因此就該被徹底地摒棄。即使海頓和貝多芬這兩位大音樂家也曾一度誤入這一迷途，不過據我的了解，莫札特以及羅西尼卻沒有這樣做，這是因為傳情是其中一回事，而狀物則是另外一回事了。

另外，這種普遍語言的語法規則被人們整理得非常精細，儘管這已經是拉莫為此奠定了基礎以後的事情了。

相比而言，在破解這種語言的詞彙——我所指的是，依據前面所述，語法內容所傳達出的不容置疑及重要的含意——方面，也就是說讓理智可以準確掌握音樂在旋律和聲中所要表達的內容——就算只是籠統地——這一工作在我著手之前，還未曾有人嚴肅、認真地去嘗試著下一番功夫。這就和其他許多事情一樣，充分說明人們普遍都不喜歡去思考事情，他們每天就這樣在不知不覺中浪費生命。人們活著的目的，無一不是盡情地去追求快樂和享受，並且盡可能地不去動腦思考。這是由他們的本性使然。因此，當看到他們硬著頭皮去扮演哲學家的角色，那真是讓人忍俊不禁，就好像大家所見的那些哲學教授，和他們的傑出作品以及他們所表現出來的對哲學與真理的真摯熱情。

如果用普遍和通俗的說法，那麼我們可以斗膽地這樣說：音樂就是旋律，而我們生存的這個世界，就是為這一旋律譜上的歌詞。不過，若要完全理解這句話的含意，那麼讀者首先就要弄懂我對音樂的解釋。

音樂藝術以及人們常常加之於這一藝術的一些具體外在的東西，比如：歌詞、舞蹈、活動以及遊行和宗教的，或者是世俗的慶典等，二者之間的關係與純粹的優美建築相類似，也就是說，那些出自純粹美學目的的藝術，與人們被動興建起來的實用建築物之間的關係：在建造那些實用建築物時，人們必須爭取要把這些建築物的實用目的 —— 這些建造目的與建築藝術本身之間毫不相干 —— 與建築藝術所特有的目的相結合。建築藝術在這裡只是利用實用目的所強加的條件來實現自己的最終目的。所以，我們就會建造出廟宇、宮殿、劇院：這些建造物自身已經很美，同時又與其實際用途相稱，甚至又透過建造物所擁有的美學特性把這些建造物的目的非常淺顯明白地表現出來。因此，音樂與歌詞或是其他附加於音樂本身的現實東西，同樣也是處於類似僕從關係的，儘管它並不像建築藝術那樣難以避免。音樂作為歌詞的附屬品，它必須遷就、順從歌詞，儘管音樂並不需要歌詞的一點幫助；實際上，如果沒有歌詞，音樂反而更能隨心所欲地活動，因為音樂不只要讓自身的每一個音符與歌詞中的字詞長度和含義相吻合，而且必須與歌詞自始至終都保持著某種一致。這樣，音樂也就不得不背負加在它身上的且相當隨意的某種目的和特徵，因此音樂便成了教堂音樂、歌劇音樂以及舞蹈音樂和軍樂等。所有這些目的和用途都與音樂自身的本質不相干，就像純粹美學中的建築藝術和人的實用目的之間是風馬牛不相及的道理一樣。音樂和建築不得不順從人們的實用目的，讓自身的目的無條件地屈從於那些與自身毫不相干的目的。這些對於建築藝術來說幾乎總是難以避免的，但是音樂卻與它不同：它在奏鳴曲、協奏曲，特別是交響樂曲裡發揮自如 —— 這最後者就是它最好的遊戲場所，在這裡音樂大可以盡情地狂歡。

人與命運的搏鬥是悲劇的最普遍主題

作為一個演員，他的任務就是表現人性的每一個不同面向——它們存在於無數個極為不同的性格當中，因此演員必須是在自己既定且永遠不會磨滅的人性這一共同基礎上去完成這一項任務。也正因為如此，演員自身必定是一個有才能且全面的人性標本；他必然是那種沒有人性缺陷和人性萎縮的人——這樣的人，用哈姆萊特的話說，不像是大自然的作品，而只是出自「大自然的幫工」之手。不過，一個演員在劇中所扮演的角色越是接近這個演員自身的個性，他就越能更加出色地刻畫這一角色。在眾多的角色當中，他演得最好的就是與他自身個性相吻合的那一個角色。因此說，即便最蹩腳的演員也會有一個能讓他表演得非常出色的角色，因為在那時，他就好像眾多面具當中的一副活生生的面孔。

想要成為一個出色的演員，他必須做到：第一，具備把自己的內在表現於外的天賦才能；第二，擁有足夠豐富的想像力，想像出生動的虛擬場景和事件，以便把自己的內在本性更有力地刺激、召喚出來；第三，具備足夠的理解能力、經驗和修養，用以適當地理解人的性格以及人與人之間的相互關聯。

「人與命運的搏鬥」應該說是悲劇的最普遍主題——這是半個世紀以來我們那些好發空洞、單調而又不知所云卻甜膩得讓人噁心的言論的當代美學家們一致的看法。這種說法被提出的前提假設就是：人具有自由意志——無知的人都會抱有這一奇想。另外，我們還有一項絕對命令——無論命運怎麼阻撓，我們都一定要達到這一個絕對命令的道德目的，或執行其指令。上面的那些先生們就是從這種說法中獲取鼓舞和喜悅的。不過，他們所說的那個悲劇的主題卻是一個很可笑的看法，因為我們要與之搏鬥的那個對手根本就是一位隱蔽著，且戴著霧一般頭罩的俠客。因此，我們所發出的每一擊都會落空。要想盡力地躲開這一對手的攻擊，卻偏偏一頭紮到他的懷裡，就如拉烏斯與俄狄浦斯王兩人所遭遇的情形相同。再者，命運本來是全能的，我們與之搏鬥的做法簡直就是一種可笑至極的膽大妄為。所以，拜倫的這種觀點應該說是非常正確的：

我們與命運拚爭，
就像玉米反抗鐮刀。

——《唐·璜》

莎士比亞對此也曾有這樣的看法：

命運，顯示您的威力吧：
我們並不是自己的主宰，
命中注定的就必然發生，
那就讓它發生吧！

——《第十二夜》第 1 幕結尾

古人常常把命運看作某種隱藏於整體事物當中的必然性，而這種內在的必然性既不理會我們的意志和請求，也不會考慮到我們自身的罪孽或功德，它只管去指引人類的事務，而且，會透過一種隱蔽的關聯，將那些從表面上看彼此並沒有任何關聯的事情，根據命運的不同需要各自牽引在一起。如此這些事情只是很偶然地走在了一塊，但從更高一層意義上講，這皆是由某種必然性所導致的。正因為如此，透過神諭、占卜和睡夢等其他方式去預知即將發生的事情也就成為可能了。

只要是由上帝決定的命運必然是某種被基督化了的命運，也就是要把命運變成上帝為這個世界爭取最大益處的旨意。

文學的目的在於推動我們的想像力

我認為文學最簡單且最正確的定義應該是：「利用詞句使想像力活動起來的藝術。」維蘭德（德國文學家）在給梅爾克的信函中，有一段足以證實此定義的精確性。他說：「僅僅是文中的一小段文字就花了我兩天半的時間，原因只是沒能找出一個合適的詞彙，腦海裡一天到晚總在這方面思索。這自然是因為我希望就像一幅繪畫那樣，把浮現在我眼前的確切視像，原模原樣地搬到讀者面前。還有就像你所知道的，在繪畫中，即便一筆一畫，光線的明暗，甚至一個小小的反射光都是非常重要的。」文學中描繪的材料，因為讀者的豐富想像力而帶來了某種方便，即這些經過精密加工和有著細膩筆觸的文學作品，在達到適合於某人的個性、知識和情緒時，自然就會激發他的想像力（相同的詩歌或小說，因為讀者個性或其他的不同而使感觸大有不同）。但造型藝術（比如繪畫、雕刻、建築等）卻沒有這種方便，它必須憑藉一個形象或一個姿態來滿足每個人。在這些形體之中，往往用不同的手法，主觀地或偶然地附帶上某位藝術家或模特兒的個性烙印。當然，這些附帶物越少就越具客觀性，也就越能顯示這個藝術家的天賦 —— 因此，文學作品比繪畫、雕像等更有強烈、深刻和普遍的效果，以上這些，可以說是重要原因之一。

通常，一般人對於繪畫、雕刻等的反應特別冷淡，所以造成了造型藝術所產生出的效果也特別微弱。奇怪的是，一些大畫家的作品常常會在幽僻的場所出現或為私人所收藏，這並非為了故意地隱藏或當作珍品藏諸名山，而是因為一向不為眾人重視所致，也就是說，這些東西從來都沒有顯示出它的任何效果，只是偶然間被人發現而已。從這個事實中我們可以看出造型藝術的效果竟然這樣微弱。1823 年我在義大利佛羅倫斯時，發現了拉斐爾的一幅「聖母的畫像」，多年以來那幅畫一直都掛在宮廷婢僕家房間的牆壁上，這件事竟然發生在素有「藝術王國」美稱的義大利，能不讓人慨嘆嗎？所以，這就可以證明造型藝術很少有直接和突然的效果，而且也足以證明藝術的評價比其他所有作品都難，同時也需要各種培養和知識。相反，動人心弦的美麗旋律卻能傳遍全世界，優秀的文學也可被各國的國民爭相傳誦。富豪顯貴為造型藝術提供最有力的支持，他們懷著對偶像的崇拜之心不但出巨額資金購買名畫，對於有名望的古代大家的名畫，有時甚至不惜以放棄廣大土地為代價。究其原因，很明顯，傑作越罕見，而持有者也越值得誇耀。其次，還因為外行人欣賞藝術作品時，只需花不多的時間和努力，一打眼就能看出所畫的東西是什麼，因此藝術品不受一般人的注意。它不像品味文學作品那樣需要較繁瑣的條件 —— 音樂也一樣。所以，沒有造型藝術也不要緊，例如，回教諸國裡沒有任何造型藝術，但沒有哪個文明國家是不存在文學和音樂的。

文學的目的在於推動我們的想像力，為我們啟示「觀念」。換句話就是以一個例子來說明：「人生和世界到底是怎麼一回事？」因此，成為一名文學家的先決條件是首先要洞悉人生和世界。他的見解深刻與否，直接決定和影響著作品的深度。就像理解事物性質的深度和清晰程度一樣，文學家也可以區分為很多等級。其中大部分文學家都認為他們已把自己所認知的事物非常準確地描寫出來，令所塑造的形象和原物不無二致了，從而就認為自己是卓越而偉大的作家；或者，他們在閱讀大作家創作的作品時，覺得他們的認知未必比自己多，甚至也不見得比自己高明多少，以為自己一樣可以擠入名家之列。這就是他們的目光永遠不能長遠的原因。

一流的文學家能知道其他人的見解是多麼淺薄，也能知曉別人看不到、描寫不出來的那些東西，甚至更知道自己的眼光和描述中的哪些地方比別人進步。當然，他知道自己是一流的文學家，因此那些淺薄的人們是無法真正了解他們的。所以，真天才和大作家們常常要陷入一段長期的絕望生活。因為能真實地評價一流作家的人，他們本身已不平凡，這種知音實在太難得了。而平庸的文人常常不尊重他們，就像他也不會尊重平庸文人一樣，因此，在未得到世人的讚許之前，只好長久處於孤芳自賞、自我陶醉的日子。不過，人們又要求他們應該謙虛，連自我稱讚都受到指責，所以，知道自己的優點與價值的人和那些對世事一無所知的人，不管如何總是談不到一起。偉大就是偉大，不平凡就是不平凡，實在不必謙遜，假如從塔的基底量起，往上至塔尖足三百米的話，那麼從塔尖往下再至基底也應該足三百米，不會缺少一絲一毫。古代的名家如盧克萊修、賀拉斯、奧維德等從不妄自菲薄，都說得很有自信。近期的如但丁、莎士比亞及許多其他著名作家，也都是這樣。一名作家不了解自己的偉大所在，又怎能創作出優秀的作品？天下絕無此理。那些謙稱的無價值的作家，只是絕望的無能力者用以自我安慰的歪理罷了。某個英國人說過一句話，乍聽來好像有點滑稽，但卻不無道理，他說：「merit（真價）和 modesty（謙遜），除第一個字母相同以外，再無共同之點。」因此，我不禁總是懷疑大家要求謙遜的這種想法是不是正確。柯爾紐說得更直接：「虛偽的謙遜，不能寄予它太多的信任。我深知自己的價值所在，別人也相信我所談的事情。」歌德也不客氣地說道：「只有沒用的奴輩才謙遜。」也可以說，口頭上經常念叨：「謙遜哪！一定要謙遜！」這些人才是真正毫無作為的人，才是毫無價值的奴才，是人類之中愚民團的正牌會員。這是因為，只有存在自身價值的人，才能清楚他人的優劣所在。當然，我在此所說的「價值」是指真正且有真實價值的事情。

在與財富結伴時，無知才會顯得丟人現眼

在與財富結伴時，無知才會顯得丟人現眼。窮人因貧窮和匱乏而受苦，對於他們來說，勞動取代了求知並占據了他們全部的世界。相比而言，有錢但無知無識的人只是生活在感官的快樂之中，跟牲畜沒有什麼兩樣，這是屢見不鮮的事情。不過，這種有錢的無知者竟然還有資格受到這樣的指責：在他們的手裡，財富和閒暇未曾得到過充分的利用，並沒有投入到讓這二者發揮極大價值的工作中去。

閱讀時，別人的思考取代了我們自身的思考，如此，我們不過是在重複作者的思維過程。這種情形就和小學生學寫字一樣 —— 他們用羽毛筆一筆一畫地摹寫老師所寫的字跡。由此可見，在閱讀時，思維的大部分工作都是別人幫我們完成的。這也就是在我們從專注於自己的思維轉入閱讀這個過程時會明顯感受到的某種形式放鬆。但在閱讀時，我們的大腦就會成為別人思想的遊戲場。當這些東西最終離開以後，留下來的會是什麼呢？於是，倘若一個人幾乎每一天都在進行大量的閱讀，空閒的時候只是稍作

不動腦筋的娛樂消遣，長此以往會慢慢失去獨立思考的能力，就像一個總是騎馬的人最後很可能會喪失行走的能力一樣。很多學問遇到了這樣的情形：實際上，他們是把自己讀蠢了，這是因為他們一有空閒就即刻進行持續的閱讀，這種行為對精神思想的傷害其實更甚於持續的手工勞作，畢竟在從事手工勞作時，我們還有時間處於自己的思想之中。就像彈簧受到持續重壓最後彈性消失一樣，我們的思想會因為別人思想的持續入侵和壓力而喪失其應有的彈性。就像吃下太多的食物會損傷我們的腸胃甚至損害了整個身體，同樣，過多的精神食糧也會讓我們的頭腦堵塞和窒息，因為閱讀的東西越多，被閱讀的東西在精神思想上所留下的痕跡就會越少——我們此時的頭腦就像是一塊被寫滿重疊的、密密麻麻的東西的黑板。所以，我們就沒有時間重溫和回想，而只有這樣做，閱讀過的東西才能被我們吸收，就像食物只有在經過消化而並非嚥下之時才能為我們提供營養一樣。如果我們常常持續不斷地閱讀，之後對所閱讀過的東西又不多加思索，那麼讀過的東西就不會在頭腦中扎根，大部分內容很快就會被遺忘。總之，精神營養與身體營養沒有什麼兩樣：我們嚥下的食物真正被我們吸收的不到五十分之一，其餘部分經過蒸發、呼吸以及其他方式消耗掉了。

另外，用個形象的比喻來形容付諸紙上的思想，就像是在沙灘上走路的人走過後所留下的足跡。沒錯，我們是看到了他留下的足跡，但要了解他沿途所見之物，就一定要用自己的眼睛看才行。

透過閱讀有文采的作品並不能讓我們擁有這些文采——它們包括生動的比喻、豐富的形象和雄辯的說服力，尖刻諷刺或者大膽直率的用語、優美雅緻或者簡潔明快的表達，一語雙關的妙句、讓人眼前一亮的醒目對仗句式、言簡意賅的行文流程、樸實無華的文章格調等。不過，觀摩具有如此特別的文筆能夠激發我們本身已經存在的一些潛力，並且意識到自己所擁有的本質，同時也清楚能夠把這些特質發揮到哪種程度。這樣，自己就能越能遊刃有餘地順應自己的意向，甚至放心大膽地發揮這些才能。透過別人的例子，我們能夠鑑別且利用這些才能所產生的效果，並學習到正確發揮這些才能所必需的技巧。唯有如此，我們才能真正擁有這些才能。因此，閱讀唯一可以幫助我們寫作的地方也就在這裡，閱讀教會我們的是怎樣發揮和運用自身天賦、能力的方法和手段——當然，前提是我們自己已經具備了這些天賦。但假如我們自己缺少這些特質，那麼不管怎樣閱讀也都無濟於事——除了勉強可以學到一些僵硬、死板的矯揉造作之外，長期按此方式我們就只能成為膚淺的模仿者了。

讀者的愚蠢簡直讓人難以置信

文字作品與生活沒什麼兩樣：在生活中，那些無可救藥的粗鄙之人到處可見 —— 就像夏天那些四處亂飛汙染一切的蒼蠅；同樣，為數眾多的壞書、劣書層出不窮 —— 這些文字作品中的「雜草」奪走了「麥苗」的養分直到將其窒息而亡。也就是說，大量的壞書、劣書奪走了讀者大眾們的時間、金錢和注意力，而所有這些理應運用到優秀的書籍及其崇高的目標中去。很多人從事寫作就是為了獲取金錢或謀取權位。我認為基於這些目的寫出來的東西不但毫無價值，而且絕對有害。現在百分之九十的文字作品除了矇騙讀者，想要從其錢包裡摳出幾枚硬幣以外，再沒有其他目的了。為了這個共同的目的，作者、出版商和評論家必定是狼狽為奸、相互勾結。

那些為了麵包而拿起筆桿的人、多產的寫手們屢屢得手的一個招數十分狡猾和低級，但效果非常顯著，真正的文化修養和時代的良好趣味也難以與之相提並論。也就是說，這些人彷彿玩弄木偶一般牽引著有一定欣賞趣味的有閒大眾，有目的地訓練他們養成與出版物同步的閱讀習慣，讓他們都閱讀同樣的，也就是最新或最近的出版物，以便從中獲取茶餘飯後的談資。一些久負盛名的作者，例如，斯賓德勒、布爾瓦、歐仁·蘇等所作的低劣小說和相似性質的文章也都是基於相同的目的。既然那些熱愛文學藝術的讀者群常常以閱讀所謂的最新作品為己任——這些粗製濫造的文字是特別平庸的頭腦為了獲取錢財而作，也正是因為這個，此類作品數不勝數——而作為代價的是這些讀者對於歷史上各國曾出現的那些出色和稀有的思想著作就僅知其名而已，那麼在這世上還會有比這更加悲慘嗎？尤其是那些日報和文藝雜誌更是居心叵測地搶奪了喜歡審美的讀者的時間——這些時間本該放到真正優美的作品中去，以薰陶自己、修身養性，而不應浪費在平庸者天天都在極力吹捧的拙劣作品上面。

因為人們常常傾向於閱讀最新的，而非歷朝歷代中最優秀的作品，因此作家們就被局限在流行和時髦觀念的狹小圈子裡，而這個時代及其民眾也就更加陷入停滯不前的泥淖之中。所以在挑選讀物時，掌握並識別哪些是不該讀的藝術就成了尤為重要的事情。這種藝術的掌握就在於別碰那些不管何時都能吸引最多讀者注意的作品——大部分人都在捧讀它們，不管讀者手裡拿的是宣揚政治言論、文學主張的小冊子還是小說、詩歌等，這些東西能夠轟動一時，甚至在其生命的第一年同時也是最後一年竟然可以被印刷很多次。另外，我們必須牢記這一點：那些寫給傻瓜看的東西總能找出一大群讀者；而我們應該一直把非常有限的閱讀時間用在閱讀各個國家和民族歷史上出現的經典作品 —— 寫出這些作品的人可謂超群絕倫，他們在後世所享有的名聲就已說明了這一點。這些人寫出的作品能夠給我們以非常有益的薰陶和教育。劣質的書不管怎樣少讀也總嫌太多，而優秀的作品不管怎樣多讀也總嫌太少。劣書是毀壞我們精神思想的毒藥。

閱讀更多好書的前提條件之一就是不要讀壞書，因為生命何其短，時間和精力非常有限。

某位作家寫出了評論古代的某位偉大思想家的文章、書籍等作品，讀者大眾也就跟著捧讀這些東西，卻不是那個思想家的著作。因為讀者大眾只喜歡閱讀最新印刷的東西，就像一句話所形容的那樣：相同羽毛的鳥聚在一起。所以對於讀者大眾來說，當今的某一膚淺、平庸的頭腦所寫出的沉悶及囉唆的廢話比偉大的思想家們的思想更具親和力與吸引力。我非常慶幸自己的好運，因為年輕時的我就有幸拜讀施勒格爾的這一優美格言 —— 正是從那以後，它就成了我的座右銘，認真閱讀了真正的古老作品以後，今人對它們所做的評論並沒有多大意義。啊，那些平凡無奇的頭腦簡直如出一轍！這些人的思想就像從同一個模子出來的！相同的場景讓他們產生的只能是相同的想法！除了這些，還有他們那些渺小、卑微的打算和目的。無論這些小人物寫了哪些毫無價值的無聊閒話，只要是新的印刷出版，傻傻的讀者大眾就會不斷追捧它們，而那些默默地躺在書架上的偉大思想家的巨作卻無人問津。

讀者大眾的愚蠢和反常行為簡直讓人難以置信，因為他們把各個民族不同時代保存下來的珍貴罕見的各種思想作品束之高閣，反而一門心思捧讀每天頻繁出現、出自平庸頭腦的胡編亂造，完全是因為這些文字新鮮出爐，甚至印刷油墨都沒乾透。從這些作品的誕生之日起，我們就要持有鄙視和無視它們的態度，要不了多久，這些劣作就會招致其他人相同的對待。它們不過是為人們嘲弄消逝的荒唐年代提供了一些笑料和話題罷了。

不管何時，都存在著兩種並行發展卻又互不相干的文字作品：一種是實實在在的，另一種只是表面上如此。前者漸漸成為永恆的作品。在這一方面努力的人是為文藝或者科學而生的人，他們不但認真執著、不張揚，而且腳踏實地地走在自己的人生道路上。在歐洲，即便一個世紀的時間也只產生了十來部這樣的作品，但它們卻能長久存在。另一種文字作品的追隨者卻是把文藝或者科學當作謀生的手段，他們躍馬揚鞭，緊隨其後的是利益相關人之間所發出的鼓噪與喧譁。他們每年都會把無數作品送進市場。但過不了幾年，人們就不禁要問：這些作品現在去哪了？那些人轟動一時的名聲現在又飄向何方了？因此，我們可以把這種文字作品形容為光陰一去不復返，而前一種文字作品則是靜止的、永駐的。

倘若在購買書籍的同時又能買到讀書所用的時間，那該有多好！不過，人們經常把購買書籍錯誤地看作已經掌握和吸收了這些書籍的內容。

期望讀者記住他們閱讀過的所有東西，就相當於期望他的肚子裡可以留得住他們吃過的全部食物。食物、書籍分別是讀者在身體上和精神上賴以生存的東西，它們決定了二者當下的存在狀態。就像人的身體只吸收與之同類的食物，同樣，每個人也只能記得住那些讓他感興趣的事情，也就是記住與他的總體思想或利益目標相符或相關的東西。當然，人人都有自己的利益目標，但很少人會有類似於總體思想的東西。因此，如果人們對所做的事情沒有客觀的興趣，他們讀的東西就不會結出果實：因為他們留不住讀過的任何東西。

一個人的作品就是他自己思想的精華

「複習是學習之母。」所有重要書籍，都必須一口氣連續讀上兩遍才行。其中一個原因是在讀第二遍時，我們能更好、更充分地理解書中內容之間的整體關聯，而且只有理解了書的結尾才能清楚書的開頭；另一個原因就是再次閱讀時，我們的心境、情緒與第一次閱讀時已經有所不同。這樣我們閱讀後得到的印象也會不同。這種情形就像是在不同光線之下審視同一個物體。

一個人的作品就是他自己思想的精華。因此，即使一個人有著偉大的思想能力，但閱讀他的作品會比與他交往得到更多的內容。從最重要的方面講，閱讀這些人的作品確實能取代甚或超越與這個人親身交往。甚至一個寫作才能平庸的人所寫出的文字都會有一定意義上的啟發，可以給人以消遣因此值得一讀——原因就在於這些東西是他的思想的精華，是他學習、思考和研究過的東西，而與這個人的交往卻並不一定能讓人滿意。因此與某些人的交往不能讓我們滿足，但他們的作品卻可以拿來一讀。沒有什麼事比閱讀那些古老的經典作品更能讓我們神清氣爽的了。即使隨手拿來一部這樣的經典作品，就算只讀上半個小時，整個人立刻就會感覺耳目一新，渾身舒暢，精神也獲得了淨化和昇華，就像是暢飲了山澗清泉一樣。這到底是因為古老的語言和其完美特性，還是因為古典作家們著作裡的那些偉大思想在歷經數千年後依然保存完好，其力度也不曾減弱絲毫？或許兩個原因都有吧。不過有一點是能夠肯定的：如果人們放棄了使用那些古老語言 —— 時下就存在著這種威脅 —— 那些新的文字作品就將空前地被粗俗、膚淺和毫無價值的無聊文字所充斥。尤其是德語這一具有古老語言中很多優秀特質的語言，目前正遭到「當代今天」的卑劣文人有計劃和變本加厲的破壞與摧殘，所以，越發貧乏、扭曲的德語也就漸漸淪為可憐的方言和粗話。

我們可以把歷史分為兩種：政治歷史和文學、藝術歷史，前一種是意志的歷史，後一種是智力的歷史。因此，讀政治的歷史從頭至尾讓人憂慮不安，甚至是膽顫心驚。整部政治的歷史毫無例外地充斥著欺騙、恐懼、困苦和大規模的廝殺。而文學、藝術的歷史讀來卻是讓人開心愉快的，即使它記錄的內容包含了人們曾經走過的彎路、犯過的錯誤。哲學史發出的鳴響甚至可以傳到其他歷史中去，而且在其他的歷史觀點和看法中，它也從根本上起著主導作用。因此正確理解的話，哲學也是一種特別強大的力量，雖然其作用的過程非常緩慢。

對於世界歷史來說，半個世紀就是一段比較長的時期，因為它可以提供的素材源源不絕，事情的發生永不枯竭。不過，半個世紀並不能為文字寫作的歷史提供多少素材，對其來說，什麼事情都未曾發生 —— 因為魚目混珠者的胡鬧與這種歷史毫不相干。因此，五十年以後，我們仍然止步不前。

為弄清楚這種情形，我們把人類知識的進步與一顆行星的軌跡進行對比，在每次取得明顯進步以後，人類總是極易踏上彎路 —— 這點我們可以用托勒密周轉線加以說明。在走完每一圈托勒密周轉線以後，人類又會再次回到這一週轉線的原點。不過那些偉大的思想者卻不會輕易地邁進這些周轉線，即便他們確實曾經引領了人類沿著行星的軌道前進。由此可以說明為什麼獲得後世的名譽必須常常是以失去同時代人的支持為代價，反之也是這樣。

與事物的這種發展過程相關的一個事實就是，大約每過三十年，我們就會看到科學、文學或藝術的時代精神宣告瓦解。換句話說，在此期間，各種謬誤愈演愈烈，直到最後被自己的荒謬所摧毀，而與這些謬誤相對立的相反的意見卻同時聲名鵲起。這種情形就發生了變化，但接著出現的謬誤卻總是走向了與它之前的謬誤完全相反的方向。這些事實剛好為文學史提供了實用的素材，用以表現事物發展過程中出現的週期性反覆現象。但文學史卻恰恰沒有注意到這方面的素材。

與我曾描述過的人類進步軌跡相符合的是文字寫作的歷史：它的大部分內容無非是陳列和記錄了很多早產、流產的文字怪胎。而那些屈指可數的自誕生以後漸漸成長起來的作品卻根本不用在這一歷史中尋找足跡，因為這些作品永遠年輕地活在人間，我們不管身在哪裡都能遇到這些經典作品。這些作品正是我在前面已經討論了的、屬於真正文字作品的唯一構成；而記載這些歷史所包含的人物卻並不多。我們是從有思想文化內涵的人的嘴裡了解到這一歷史的，而並不是從教科書的大綱和簡編中得知的。

我希望有一天會有人寫出一本文學的悲慘史 —— 書中記錄著每一個傲慢地炫耀本民族偉大作家和藝術家的國家，以及這些人物活著時，周圍環境到底是怎樣對待他們的。這樣一部悲慘歷史必定讓人們關注到：所有真正優秀的作品不管在何時何地都要與總是占上風且荒唐、卑劣的東西進行永不停歇的激烈戰鬥，差不多每個真正的人類啟蒙者以及在種種學問和藝術上的大師們都是殉道者。除了少數的例外，這些傑出人物都是在貧苦之中度過了自己的一生，他們不僅得不到人們的認可與同情，還沒有自己的學生和弟子，而名譽和財富等卻被這一學科中根本不配擁有這些東西的人所占有，情況就同以撒的遭遇（此典故見於《舊約全書》）一樣：長子以撒為其父狩獵野獸，他的孿生弟弟雅各卻在家裡穿上以撒的衣服騙取了父親的祝福。不過即使這樣，那些偉大人物對其事業的熱愛支撐著他們，直到這些人類教育家的苦鬥最終落幕——長生不朽的月桂花環此時向他們招手了，這樣的時分也終於敲響了：

> 沉重的鎧甲化為翅膀的羽毛，
> 短暫的是苦痛，恆久的是歡樂。
>
> ——席勒《奧爾良的年輕太太》

第三章
要麼庸俗，要麼孤獨

每個人的優點都與缺點相關聯

人們的完美優點與某一缺點相關聯——這一缺點的形成是因為這個優點太過完美所致。反之，某一缺點同樣和某一優點相關聯。因此，我們對人的看法常常出現差錯就是因為在和我們剛剛認識的人交往時，我們總是會把他的缺點和與之相關聯的優點弄混，或者反過來。小心、謹慎的人就會表現得膽小、怯懦，節儉也就成了小氣；或者，我們會把大手大腳視為豪爽大方，而粗俗放肆就成了坦誠率直，有勇無謀就成了絕對的自信，凡此種種，數不勝數。

生活中，人們總是不由自主地認為，道德淪喪與智力低下是相輔相成的，因為我們直覺地認為這二者同源。其實，這種看法是錯誤的。我在《論意志於自我意識中的主導地位》一書中，曾對此做了詳盡的說明。實際上產生這一錯覺主要是因為人們頻繁地看到這二者緊密地同時出現，也正是由於這個原因，道德淪喪與智力低下極易和睦相處。不能否認的是，如果道德淪喪同智力低劣聯手搗鬼，那麼它們就能輕輕鬆鬆地炮製出許多惹人生厭卻又司空見慣的現象，而事情依舊繼續發展著。智力有缺陷的人很容易把自己虛假、卑鄙、下流的一面表現出來，而精明的人則知道怎樣巧妙地將自己的這些劣性掩飾起來。另一方面，剛愎、乖張的心地往往會不以為然地妨礙了一個人看到自己的智力實際上能夠被認清的真理！

但是我們每個人都不該自誇和傲慢，每一個人，即便是最傑出的思想天才，也會在某一知識領域中明顯地暴露出他的局限 —— 因此，他也就承認了自己其實與那些思想顛倒、荒謬、愚昧的人類有著相同的血脈。同樣，在每個人的內心，都存在著一些非常惡劣的道德成分，甚至那些具有最好、最高貴的性格的人也會在某些情況下，以其個人的不良特性讓我們驚詫萬分。這種人也是透過這一方式承認了他與人類的淵源。人類有著不同程度的卑鄙、下流，甚至殘忍。也正是由於人類具有這種劣性 —— 這是罪惡的原則所致 —— 他也就不可避免地成了人類的一員。

即使這樣，人與人之間的差別依然非常巨大，當我們看到別人表現出自己的樣子時，我們大部分人都會大吃一驚。啊！如果有一個可以讓人們透視道德的阿斯莫底斯該有多好！如果他可以助其寵看穿房頂、牆壁，還可以讓他們透視覆蓋著的一切，穿透人們用奸猾、虛偽和謊言編織成的紗網。倘若阿斯莫底斯可以讓我們看到世界上的誠實是如此罕見，而非義和狡猾又是如何牢牢地占據著統治的地位，那有多好！

人的內心深處潛藏著那些醜陋的東西，它們祕密潛藏於美德的背後，即便是我們最不會懷疑的地方也成了它們的藏身之所。因此，許多人與四足動物結下了純潔、深厚的友誼，當然了，假如不是我們的愛犬誠實的眼睛——在見到這種眼神時，我們不必忐忑、懷疑——我們又怎能從人們的那些沒完沒了的虛假、見利忘義中恢復信心呢？

這個經過文明教化的世界，其實只是一個巨大的化裝舞會。在此我們能夠看到騎士、牧師、醫生、律師、神父、哲學家，以及其他形形色色的人。但這些人並不是他們所表現出的那副樣子，他們的外邊有一個面具，而藏在面具後面的，常常都是那些投機取巧，只為謀取利益的人。一個人為了可以輕巧地與其對手周旋，而戴上了從律師那裡借來的面具——法律面具；而另一個人也為了相同的目的，選擇了一款公共利益和愛國主義的假面具；很多人為了自己的目的而戴上了哲學、博愛的假面具等等。

一般情況下，女人們能夠挑選的面具只有靦腆、端莊、賢淑、嫻靜。社會上還有一些面具是缺少特色的，好像西洋骨牌一樣統一、相似。因此，我們所看見的都是極為相像的貨色。而這些面具就是謙讓、忠厚、老實、發自內心的關切和笑容的友誼。就像我在前文講過的，在一般情形下，所有這些面具的背後，都潛藏著商人、小販、投機分子。在這方面，做生意的人自然形成了唯一誠實的階層，因為只有他們是真的沒戴面具、以真實的面目示人的；他們也因此長時間處於低下的地位。實際上，我們早就應該清楚，生活就是一場化裝舞會 —— 這是非常重要的，倘若不清楚這一點，我們就不能弄明白其他事情，甚至會茫然若失。

在這方面，那種被「泰坦用更好的泥塑造了他的心」（尤維納利斯的詩句）的人，其迷惑性為時非常長久。而這些現象簡直不被他們所理解：卑鄙、無恥能夠得到青睞、提攜，而對人類有貢獻，甚至做出了最傑出、最非凡的業績的人得到的卻是同行的輕視。每一種貨真價實的東西差不多都被拒之門外，不過那些似是而非的東西卻備受人們追捧，人們特別仇視絕代奇才和真理，那些學究對自己研究的領域所表現出來的無知……我們應教導年輕人：在這場化裝舞會上，蘋果是用蠟做成的，鮮花、金魚都是由絲綢和紙板做成的，所看到的一切都是不值錢的東西，所有的笑談都不必當真。我們還要提醒他們：當看到兩個人非常認真地討論某件事時，其中一個人肯定是在售賣假貨，而另外一個則是在支付假鈔。

人性中最糟糕的就是幸災樂禍

人性之中最糟糕的特性就是對別人的痛苦始終感覺快意，也就是人們常說的幸災樂禍。正是因為這一特性與殘忍緊密相連，而且這二者的關係確實就像理論與實踐一樣。總之，幸災樂禍占據了同情原本所處的位置，而作為幸災樂禍的對立面，同情卻是名副其實的公義與博愛的真正源頭。從另一種意義上講，嫉妒與同情之間是相互對立的關係 —— 只要嫉妒產生的原因是別人處於與前面所述相反的情形，也就是處在良好的境況。所以，嫉妒與同情的互相對立首先就在誘發嫉妒產生的時機，然後嫉妒才會作為一種結果展現在感覺本身這樣一種形式。

因此，嫉妒雖然並不值得提倡，但卻情有可原，而且一般來說也是人之常情。相對來說，幸災樂禍卻是魔鬼具有的特性，它的冷嘲熱諷、落井下石簡直就是地獄發出的可怕笑聲。就像我前面所述，幸災樂禍恰好現身於同情本應該占據的位置，但嫉妒卻只會出現在尚未引發我們同情的時機的情形之下，而且正是在完全相反的情形才會出現。作為和同情相對立的情緒，只要受限於上述程度範圍之內，那麼嫉妒就可以說是人之常情了。

的確，恐怕沒有人能夠徹底擺脫這種情緒的纏繞。因為在看到別人享有的快樂與占有的財產時，我們常常就會覺得自己在這方面的不足 —— 這是一種非常自然的現象，是無法避免的。只不過這種感覺不應該引起我們對於比我們更幸福的人的那種憎恨的情緒，但真正意義的嫉妒卻剛好正在發揮著這樣的作用。倘若不是因為別人的好運或者得到純屬偶然的機遇，抑或是得到他人眷顧等，而只是因為別人獲得的是大自然的賜予，自己就妒意滿滿，妒火中燒 —— 那是絕對不應該的，因為一切天生的東西都具有其形而上的基礎，也就是這樣的安排有著更高層次上的公正與合理。

也可以說，這是神靈的一種恩賜。但很不幸，嫉妒常常反其道而行之：對於他人身上所擁有的優異特質，嫉妒卻是最難消除的。因此，在這世上的那些具有非凡頭腦智力甚至於天術思想的人，倘若其不能視嫉妒者於無物的話，那他們就一定要先乞求別人原諒自己具有的先天才能才行。換句話說，如果說別人的嫉妒純粹是起因於財富、地位或者權力，那麼嫉妒往往還能與嫉妒者們較量一番，因為在某些情況之下，這些嫉妒者們會有所顧忌，他們畢竟還指望從其嫉妒對象那裡獲得一些幫助、接濟、保護和提攜，或是從這些人的享受中分一杯羹；又或者，起碼可以獲得與這種人建立連繫、沾上這些尊貴之人身上所散發出的光輝的機會，甚至是分享這種人在某一方面的榮耀，獲得諸如此類恩惠的一些希望總還是有的。

相比之下，對於大自然的純粹饋贈和個人自身的優越特質，比如女人的美貌和男人的智慧，我們在內心不能駕馭自己的嫉妒，因為對於我們，不存在上述那些希望和慰藉。除了對這些受惠者懷有的滿心苦澀和沒法逝去的恨意之外，再沒有其他什麼了。所以現在他們僅存的願望就是採取行動對這種人實施報復，但那些嫉妒者們的處境又是非常不幸和尷尬的：如果別人得知自己發出攻擊的原因只是出於嫉妒，那這一切攻擊就馬上完全失去了威力。一般而言，這種嫉妒會被小心謹慎地掩藏起來，就像那些見不得光的肉慾的罪過一樣。

嫉妒者只能絞盡腦汁，狡猾地先將嫉妒偽裝一番，然後在別人毫無所知的情形下，對自己嫉妒的對象下黑手。例如，他們會對別人身上那些吞噬著自己心靈的優異特質毫無所知、視若無睹，而且臉上始終帶有一副毫無邪念、善良純美的表情。對於別人的優點，他們既沒聽說，也沒感覺，可真是毫無所知。這樣的嫉妒行為也就把人裝扮成了虛偽的偽裝大師。

這些嫉妒者心思細密地將如此一個微不足道的人完全忽視——恰恰是這個人的閃光特質在吞噬著自己的內心：他們不僅沒有意識到，甚至有時徹底忘記了竟然還有這樣一個平凡而又普通的人。但私底下，嫉妒者卻使盡一切手段，小心謹慎、一絲不苟地杜絕能讓這些優異特質展現與被人了解的所有機會——對於他們而言這可是大事，一切都得給它讓路。之後，這些嫉妒者就隱在黑暗處，對其嫉妒的對象加以指責、嘲笑、挖苦和中傷，就像蟾蜍在它的洞穴中噴射出的毒液一樣，他們會同樣竭盡全力地熱情謳歌微不足道的人，讚頌本行取得的平庸成績，甚至於拙劣之作。簡言之，他們成了精於謀略的隱身波賽頓（希臘神話當中善變外型的海神），目的就是隱藏嫉妒，詆毀對方。但這樣做能有什麼作用呢？有經驗的一眼就能識別這套把戲。一般情形下，嫉妒在其對象面前所表現出來的畏縮與躲避就已經讓他暴露了。因此，引發別人嫉妒的元素越是優異，那麼對於具備這種元素的人而言，他就越容易陷入孤獨狀態。嫉妒還會透過不明原因的憎恨情緒暴露自己——這種憎恨往往抓住的是最微細且只是靠想像出來的藉口而突然爆發。

儘管嫉妒的家族分布很廣，但我們仍然能夠從人們異口同聲的讚美與自謙中一眼發現嫉妒的存在；而把自謙列入美德行列的做法就是為了讓平庸者獲利而想到的「聰明」法子。因為自謙說明必須要具有容忍拙劣與鄙陋的能力，因此，自謙成為美德也就暴露了拙劣與鄙陋的存在。當然，沒有什麼會比見到別人私下被嫉妒暗暗折磨並疲於玩弄手段更讓我們的自尊與高傲受用的了。但我們永遠不應忘記的是：嫉妒常常與憎恨相伴相隨，我們一定要謹防懷有嫉妒之心的人成為自己的朋友。

所以說，能夠發覺他人的嫉妒之心，對於我們自身的安全而言，是非常重要的一種能力。因此，我們應該研究、思索透澈，準確掌握他人的嫉妒心理，從而才能破解他們的騙術，因為嫉妒的人到處可見，並且常常不知不覺、悄無聲息地在我們的身旁活動，或者，就像是那些有毒的蟾蜍經常出沒在黑暗的洞穴。我們不必對這種人充滿寬容和同情，相反，我們的行為準則應該這樣：

嫉妒永遠難以淹沒，
你就盡情報以鄙視。

你的幸福、名望是他的痛苦，

回想得知引發這些的原因就是你的任務。

一旦我們看清了人的劣性，就像前文所做的那樣，仍會為這些人的劣性感到由衷的震驚，那我們就應該即刻把目光轉向人類生存的苦難；如果對後者感到吃驚，就必須再度審視人的劣性 —— 於是，我們發現了二者互相平衡。所以，我們也就意識到了這裡面存在了某種永恆的正義，那是因為我們會發現這個世界本來就是一個非常巨大的審判法庭。我們也會漸漸明白為什麼每一個具有生命的東西都必須為其生存贖罪，首先是人活著時，然後是其死亡時，也就是「罪孽」與「懲罰」之間的對應被協調得天衣無縫。

審視這一觀點，我們就會因為在生活中隨處可見的大眾的愚蠢而常常感受到的那種厭惡情緒也就隨之雲消霧散了。所以佛教的輪迴裡所說的「人之苦難」「人之性惡」以及「人之愚蠢」三者相互對應得不差毫釐。但在某個特定的時候，我們看到的只是這三者之一，並對此特別重視，這樣，我們所看到的這三者之一在某種程度上好似壓倒了其餘二者，事實上，這只是一種錯覺而已，絕對是因為這些東西的無處不在與無孔不入。

這就是永恆的輪迴，輪迴圈裡包含的一切都顯示出這一事實；然而人類世界把這一點表現得更為清晰，因為於此而言，惡劣、無恥的德行以及低下、愚蠢的智力占有優勢。即使這樣，我們依然能看見再次喚起我們驚訝表情的現象偶爾分散地呈現在我們周圍。這些就是在人們身上表現出來的誠實、慈善，以至於高貴，還有偉大的理解能力，甚至天才的思想。這一切從未泯滅殆盡，它們孤獨地分散於各個角落但卻閃爍出光芒，為身處黑暗的大眾照亮了前進的方向。我們必須把這些看作證明這一真理的依據：在這永恆的輪迴當中，一個美好的救贖原則藏而不露，它能衝破這一輪迴並為處在其中的全體帶來鼓勵和解救。

孤身一人也比背叛自己的人圍著要好

人們總會提出這樣一個問題：倘若兩個人分別在荒野中獨自長大，那麼在他們首次相遇時，會做些什麼？關於這個問題，霍布斯、普芬多夫和盧梭都做出了不同的回答。普芬多夫相信這兩個人會相互友好問候；霍布斯則認為他們會把彼此視為敵人；而盧梭的看法最特別，他認為這兩個人相遇後只是擦肩而過，沉默不語。這三個人的回答既有對的一面也有錯的一面，因為恰恰是在這種情況下，兩個人天生的個體道德傾向之間沒法衡量的差別就會表現出來。而這種情況就像是測量道德傾向差別的尺度和儀器。因為，對於某些人而言，當他們看見他人時，就會產生一種敵對情緒，並且他們的內心深處還會警告自己：「這個人不是我！」也有一些人在面對其他人時，會立刻產生一種好感，覺得友好、關切和同情，他們的內心會說：「這個人就是另一個我！」

這兩種情緒之間有著無數等級，而我們在這種具有關鍵性的立場上，感到這些根本不同的問題實在是一個巨大的未解之謎。在丹麥，一個名叫巴斯特海姆的人在他的

《關於生活在原始狀態下的人的歷史報導》一書裡，為我們提供了許多針對人類道德性格所具備的這種先驗本質而進行各種考察的素材。巴斯特海姆發現：一個民族所表現出來的思想文化與這個民族的道德優點竟然是完全獨立、分開的，其原因是這兩者往往分離開而不一起出現。我們可以把這種現象解釋為：民族的道德優點並不是源自理性的思考，而理性思考的訓練、培養則有賴於思想文化的發展。

不過這種道德優點是直接發自意志本身的，而意志的內在成分又是人類天生的，因為意志本身是不能透過文化修養而進行改進的。在巴斯特海姆的著作中，他提出大多數民族都是道德敗壞的，而在一些野蠻部落裡，他卻發現了人類身上具有很多異常讓人欽佩的總體性格特徵，比如生活在薩烏島的居民，還有居住在西伯利亞一帶的通古斯人和皮魯島人。為了解決這個問題，巴斯特海姆狠下了一番功夫：為什麼有些部落的人特別善良，而生活在他們周圍的其他部落的人卻這樣卑劣呢？按照我的觀點，對於這種現象的解釋是，道德自省遺傳自父親。

在前面的這個例子中，孤零零、道德高尚的部落來自同一個家族，所以他們擁有共同的祖先，而這個祖先剛好是一個善良的人。因此這個部落每代人都保持著純潔無瑕。在北美一些地區，曾經發生過很多讓人不愉快的事情，比如，逃避公債、公然打劫、搶掠等。發生這些事情時，英國人這樣想：當年，北美是英國流放罪犯的殖民地。

一個人的個性 —— 即他既定的性格和智力 —— 好比滲透力非常強的染料，可以精確地決定他的一切行為和思想，甚至包含生活中最瑣碎的細節 —— 這簡直是太奇妙了。在人類個性的影響下，一個人的人生軌跡，即記錄著他的內在與外在事情的發展過程，會清楚地顯現出他與別人的人生軌跡截然不同的差別，就像植物學家能夠從一片葉子識別出整株植物，居維爾可以透過動物的一塊骨頭重構出這個動物；同樣，根據一個人的某一種具有典型性的行為，我們也能夠正確地了解這個人的性格。也就是說，在某種程度上我們是透過這一行為而勾畫出這個人的，即使這種行為只涉及一些非常小的小事。但實際上，這些小事卻往往能讓我們認識一個人，因為在處理一些非常重要的事情時，人們會很自然地提高警惕，謹慎地控制自己，而對於小事情，他們就會疏於防範，只是按照自己的本性行事。

如果一個人在處理一些小事情時做出了完全不顧及別

人、完全自我的行為，那麼我們就能夠斷定他的內心一定沒有公平、正直的感情，所以我們不能在沒有任何保障的情況下把事情託付給這種人，即使是一文錢。因為在這樣一個不涉及財產的事情上，都毫不關心、缺乏公正的人，他的無限膨脹的自我主義，很容易在日常生活裡的細微動作、行為中暴露出來，就像是透過一件破爛的外衣的孔洞看到裡面骯髒的內衣一樣——對於這種人，誰又能相信他在處理人際交往的事情時，除了正義而毫無動機的情況下，可以做到老少無欺呢？

任何人，倘若在小事上不知道體恤別人，那麼在大事上他就會肆無忌憚。而倘若忽視了一個人性格上的細微特徵，那麼只有等他吃虧受苦之後，才會知道自己的特殊性格已顯露無遺了，而這樣的結果也是他咎由自取。根據這個原則，當我們所謂的好朋友泄露出他們下流、惡劣的特性時——即便是毫不起眼的小事上——我們也要馬上和這些「好朋友」斷絕來往。唯有如此才能避開他們的陰毒招數——只要時機來臨，這些東西就會現形。這種判斷標準也一樣適合我們所僱用的僕人。對此我們要銘記於心：即便孤身一人也比被背叛自己的人圍著要好。

自由的存在一定是原初的存在

對於命運之說，古人一向認為所發生的一切都被因果關係連繫在一起，因而這些事情都遵循著嚴格的必然性。因此我們可以說，未來發生的事情早就被固定不變地確定下來了，而且不能有絲毫的更改，就像過去早已發生了一樣。可以確切地預言未來會發生的事情——在古人的神話、命運裡——是被認為不可思議的事情，如果我們忽視催眠預知和第二視覺這兩個方面的話。我們不能試圖用愚蠢的藉口、膚淺的空談來反駁命運論的基本真理，而應該竭力地了解和察覺這個真理，因為這個基本真理是能被證實的——它為人類提供了了解那謎一樣神祕的生存的重要素材。

對於兩個命運論——上帝決定命運論與前面提到的命運論——之間的差別並非體現在總體和根本性上。二者間的差別主要在於前者認為：人的天生的性格和對人的行為的外在限制源於某個具體的認知之物；而後者卻認為，這一切並不是源於某個具體的認知之物。但就結果來說，這兩種命運論卻是殊途同歸：必須髮生的事情最後一定會發生。而道德自由與原初性始終保持著緊密的關係。這是因為，假如將一個生存看作另一個生存的作品，而在意志與行為上，前者卻是自由的 —— 那麼這個觀點僅玩弄字眼還說得通，若放在縝密的思想領域裡卻是缺乏依據的。也就是說，倘若誰能憑空創造出某一種生存，那麼他就創造、確定了這種生存的本質，也就是這種生存的總體。這是創造者既然創造出某樣東西，那麼他也就創造了這樣東西所具備的，並被確切固定的特質。

而那些被確定下來的東西也會逐漸地遵循必然性而最終顯現出來，並發揮它的作用。由於這些特質所顯現出來的全部外現和效果只是它們被激活的結果 —— 在適合的外在時機到來時，這些特質就會顯露出來。什麼樣的人就會做出什麼樣的事。所以功德和罪過並不是和這個人的具體行為有關，而是和他的真正本質與存在相連繫。因此一神論同人們應負擔的道德責任是絲毫不相容的，因為這種道德責任自始至終都屬於這種生存的創造者。

造物主才是真正意義上的責任人。人們竭力運用享有道德自由這一概念來調和這些矛盾，但這是徒勞無功的，這種牽強的調和也是行不通的。自由的存在一定是原初的存在。倘若我們的意志是自由的，那麼它必定也是原初之物；反之也是如此。前康德教條主義欲將這兩個難題區分開，為此，他們不得不假設兩種自由是存在的：一種是在宇宙起源學中世界形成的第一原因的自由；另一個種是在道德學和神學中假設人的意志是自由的。由於這個原因，康德的第三對和第四對的悖論內容也就成了探討自由的問題了。

美好的品格本身即為一種幸福

一般來說，人是什麼比他自己有些什麼及他人對他的評價是什麼更能影響他的幸福。因為個性無時無刻不伴隨著人並且影響他的所有經驗，因此人格 —— 也就是人本身所具有的一些特質 —— 是我們需要首先考慮的問題。能從種種享樂中得到多少快樂是因人而異的。我們都知道在肉體享樂方面確實如此，精神享樂方面也是這樣。

每當我們運用英語裡的句子「好好享受自己」時，這話確實太好理解了，因為我們沒有說：「他享受巴黎。」反而說：「他在巴黎享受『自己』。」一個性格有了問題的人會把所有的快樂都當成不快樂，就像美酒倒入充滿膽汁的嘴裡一樣也會變苦。所以生命的幸福與困頓，不在於遇到的事情本身的苦和樂，而是要看我們怎樣面對這些事情，看我們感受性的強度如何。

人是什麼，他本身所包含的特質是什麼，假如用一個詞來形容，那就是人格。人格所具備的全部特質是人的幸福與快樂最直接、最根本的影響因素。其他的因素全是間接的、具有媒介性的，因此它們具有的影響力也會被消除破滅，但人格因素產生的影響卻不能被消除。這就解釋了為什麼人的本來根深蒂固的嫉妒心性很難根除，況且人們總是會謹慎小心地掩飾自己的嫉妒心性。

在我們所做、所遭受的全部經歷當中，我們具備的意識常常占據著一個永恆不變的位置，所有其他方面的影響都有賴於機遇，機遇皆是過眼煙雲，稍縱即逝且不停變動；獨有個性在我們生命裡的每時每刻都不停地工作著。因此亞里斯多德說：「永恆不變的不是財富，而是人的個性。」

我們對全然來自外界的厄運倒還能忍受，但是對因為自己個性所致的苦難卻不能忍受，只因運氣能夠改變，個性卻難以更變。人本身的福祉，例如聰明的頭腦、健康完美的體魄、爽朗的精神、樂觀的氣質以及高貴的天性等，簡單地說，即為幸福的第一要素。因此我們要全力以赴地去促進與保存這種讓人生幸福的特質，不要孜孜於外界的功名利祿。

在這些內在的品格中，最能帶給人直接快樂的只有「健全愉悅的精神」，因為美好的品格本身即為一種幸福。愉快又喜悅的人是幸福的，他之所以能做到這一點，就因為他的個性本身就是愉快又喜悅的。這類美好的個性能夠彌補因為其他一切幸福的消失所帶來的缺憾。

例如如果一個人因為年輕、英俊、富有而受到人們尊敬，你想知道他是否幸福只需看他是否歡愉，假如他是歡愉的，則背直背彎、年輕年老、有錢無錢，這和他的幸福又有什麼關係呢？總之他是幸福的。若干年以前我曾經在一本古書中看到這樣兩句話：「如果你一直笑，那麼你就是個幸福的人；如果你一直哭泣，那麼你就是不幸福的。」雖然是非常簡單的幾個字，甚至近乎老生常談，但就是因為它的簡單才讓我一直銘記在心。所以當歡愉的心情來叩動你的心門時，你就該無限地敞開你的心門，讓愉快和你同在。這是因為它的到來總不會錯。但人們卻往往猶豫著擔心由於自己過於快活而導致樂極生悲和災禍。

實際上，「愉快」本身即為一種直接的收穫——雖然它不是銀行裡的支票，卻是兌換幸福的現金；它能讓我們得到當即的快樂，是我們可以擁有的最大幸事。因為從我們的存在對於當前這一方面來說，我們只是介於兩個永恆之間那極為短暫的瞬間而已。所以，我們追尋的幸福的極致就是怎樣保持與促進這種愉快的心情。

可以保持與促進心情愉快的並非財富，而是健康。我們不是總在下層階級、勞動階級，尤其是在野外工作的人們臉上看到愉快且滿足的表情嗎？而那些富有的上層階級人士不是常常表現出滿面愁容、滿懷苦悶的神情嗎？因此我們應竭力維護健康，也只有健康才能澆灌出愉悅的花朵。至於如何維護健康，實在不須由我指明 —— 避免每個種類的任意放任自己和那些激烈又不愉快的情緒，也不要過於壓抑自己的情緒，多做戶外運動，洗冷水浴和講求衛生等。沒有適當的日常運動就不會永保健康，生命過程就是依賴於體內每個器官的不停運轉，運轉的結果不僅影響到身體的各個部門，也會影響到全身。

亞里斯多德曾說：「生命就是運動。」運動也的確是生命的本質。有機體的每個部門都在不停地急速運轉著。比如說，心臟在一張一弛間有力且不停地跳動著，每跳 28 次它就把身體內全部血液由動脈運至靜脈再分布到身體各處的微細血管裡；肺就像一個蒸汽引擎那樣永不停息地膨脹與收縮；內臟也一直蠕動工作著；各種腺體不斷地汲取養分再分泌激素；甚至連大腦也伴著我們的呼吸和脈搏的跳動而運動。

世上注定要有無數人去從事辦公室工作，他們常常無法運動，所以體內的騷動與體外的靜止不能被調和，最終導致顯著對比的產生。事實上，體內的運動是需要適當的體外運動來平衡的，否則就會出現情緒的困擾。大樹的鬱鬱蔥蔥要有風來吹動，人的體外運動與體內運動也必須達到平衡。

幸福基於人的精神，而精神的好壞又往往和健康息息相關，這只要我們在相同的外界環境與事件，在健康健壯與纏綿病床時的看法以及感受有著什麼樣的不同中就能看出來，讓我們覺得幸福與否的並不是客觀事件，而是這些事件給我們帶來的影響以及我們對此的看法。就像伊辟泰特斯所說的：「人們往往並非受事物的影響，影響他們的是他們對事物的想法。」

一般而言，人的幸福多半歸功於健康的身心。有了健康，做什麼事都會讓人快樂；反之則失去了快樂；即便有些人具有偉大的心靈、樂觀開朗的氣質，往往也會因失去健康而黯然神傷，甚至出現質的改變。因此當兩人見面時，我們總會問及對方的健康狀況，相互祝願身體安康，原來健康才是人類成就幸福最重要的因素。只有最愚蠢的人才會為了其他的幸福而不惜犧牲健康，不管這其他的幸福是功名利祿，還是學識以及轉瞬即逝的感官享受，人世間沒有任何事物會比健康更重要。

愉快的精神是獲取幸福的要素，健康有利於精神的愉快，但要精神愉快只有身體健康還不行。因為一個身體健康的人也會整天鬱鬱寡歡、愁眉苦臉。憂鬱根植於更為內在的體質，這種體質是無法改變的，它繫於一個人的敏感性以及他的體力與生命力的一般關係中，非正常的敏感性常常導致精神的不平衡，比如憂鬱的人往往比較敏感，患有過度憂鬱症的人會爆發週期性的不受控制的快活，天才常常是那些精神力即敏感性很充足的人。亞里斯多德觀察到了這個特點，因此他說：「一切在政治、哲學、詩歌以及藝術上有顯著貢獻的人都具有憂鬱的氣質。」毋庸置疑，西塞羅也有這樣的看法。

人類幸福的兩個敵人是痛苦與厭倦

只要略微考察一下就知道，人類的幸福有兩個敵人：痛苦與厭倦。這就是說，即使我們幸運地離痛苦越來越遠，但我們卻是向厭倦一步步靠近。如果遠離了厭倦，我們就會更加靠近痛苦。生命呈現出兩種狀態，就是外在或客觀、內在或主觀，在這兩種狀態中痛苦與厭倦都是對立的，因此生命本身也可以說成是在痛苦和厭倦的兩端劇烈地來回擺動。貧窮和匱乏帶來痛苦；太過得意，又惹人生厭。因此，當下層階級在與匱乏做著無休止的鬥爭即痛苦掙扎時，上流社會卻在和「厭倦」進行著持久戰。

對於內在或主觀的狀態，對立的緣由是人的受容性與心靈能力成正比，不過個人對痛苦的受容性又與厭倦的受容性成反比。現做進一步解釋：依據遲鈍性的定義，遲鈍就是指神經不受刺激，氣質感覺不到痛苦或焦慮，而且不管後者多麼強大，心靈空虛的主要原因是知識的遲鈍，只有經常興趣盎然地注意觀察外在的細微事物，才能消除人們臉上表現出的空虛。心靈的空虛是厭倦的根源，就像興奮之後的喘息，人們需要透過尋求某些事物來填補早已空白的心靈。而所尋求的事物基本相似，看看人們沉迷的娛樂休閒方式，他們的社交娛樂方式和交流的內容不都是如出一轍嗎？再看看有多少人站在階前閒談，又有多少人站在窗前向屋外凝望。因為內在的空洞，人們在尋求社交、娛樂、餘興以及種種享受時，就產生了奢侈浪費和災禍。人們想要躲避災禍的最好方法就是增長自己的心靈財富，心靈財富越多，厭倦所占據的地位就越小。那源源不絕的思考活動在豐富繁雜的自我與無所不有的大自然中尋找新的材料，構建新的組合，這樣不停地鼓舞我們的心靈，除了休閒時刻之外就不會再讓厭倦有機可乘了。

不過，從另一個方面看，高度的才智植根於高度的受容性、強大的意志力和強烈的感情，這三者的結合體，讓人容易動感情，對種種來自肉體和精神痛苦的敏感性也會相應增加，對阻礙不耐煩，而且厭惡挫折——這些性質又因為高度想像力的作用變得越發強大，使整個思潮（不愉快的思潮也包含其中），就好比真實的存在一樣。上述的人性特質適用於每個人——不管是最笨的人還是空前的超級天才。因此不管是在主觀還是客觀方面，一個人靠近了痛苦就意味著遠離了厭倦，反之也是一樣。

人所具有的天賦氣質決定了他受苦的種類，客觀環境受主觀傾向的影響，人們所採用的手段常常和他所遭受的苦難相抗衡，所以有些客觀事件對人類具有特別的意義，有些也沒有什麼特別的意義，這都取決於天賦氣質。聰明的人最初要努力爭取的就是避免痛苦與煩惱的自由以求得安靜和閒暇，減少和他人的接觸，享受平靜、節儉的生活。因此，智者在和他的同胞們相處了不長一段時間後就會隱退，如果他再具有極高的智慧，或許還會選擇獨居。一個人內在具備得越多，求之於他人的就會越小，他人帶給自己的也就越少。因此，人的智慧越高越顯得不合群。當然，如果智慧的「量」能夠替代「質」，那麼活在大世界裡才算是划算，但很不幸，人世間的一百個傻子也不能替代一位智者。更不幸的是，人世間的傻子簡直太多了。

那些總是受苦的人，他們如果脫離了讓人匱乏的苦痛，就會立刻無所顧忌地尋求娛樂消遣和社交，就怕要自己獨處，與任何人都能處得來。就因為孤獨時，人需要委身於己，他內在財富的多少就暴露出來；愚笨的人，即使身穿華衣，也會因為自己卑微的性格而呻吟，這原本就是他沒有辦法拋棄的包袱。不過對於才華出眾之士來說，即便身處荒原，也不會感到孤獨寂寞。色勒卡曾說，愚蠢是生命的包袱，這話簡直是至理名言 —— 都能與耶穌所說的話相媲美了。

有天賦和個性的人是最幸福的

人所能作為與成就的最高極限是不會超過自己。人越能實現這一點，越能發現自己就是一切快樂的原動力，就越能讓自己覺得幸福。這就是亞里斯多德發現的偉大真理：「幸福即自足。」

一切其他的幸福來源，從根本上講都具有不確定性和不穩定性，它們恰如過眼雲煙，隨機緣而定，而且常常難以把握。因此即便是在極得意的情形下，這種幸福之源也可能很快消失，這本是人生不可避免的事情。當人漸至衰老時，這些幸福的源泉也必定隨之耗盡：這時所謂的才智、愛情，甚至社交能力通通離我們而去；那恐怖的死亡更要奪走我們的至親好友。這一時刻到來時，自己是唯一純粹和持久的幸福源泉。

在充滿悲慘和痛苦的世界裡，我們到底能得到什麼呢？到最後，除了自己以外，我們每個人原來都是一場空啊！一旦想逃離悲慘和痛苦，常常又不免陷入「厭倦」的魔掌中。況且在這個世界裡，又往往是小人得志。人人的命運都是殘酷的，而全人類又本是可悲憫的。世界就是這樣，因此只有具有豐富內在的人才是幸福的，就像聖誕節時，我們身處一間溫暖明亮而又充滿歡歌笑語的房間裡那樣，那些缺少內在生命的人，其悲慘和痛苦就像是置身於寒冬深夜的冰天雪地裡。因此世間命好的人，毫無疑問，就是那些既有天賦才情又有豐富個性的人，他們的生活儘管不一定是輝煌燦爛的，卻必定是最幸福的。

19 歲的瑞典皇后克莉絲蒂娜在更年輕時，除了聽別人的議論外，她對笛卡兒的了解只是透過一篇短文，因為笛卡兒那時在荷蘭已經獨居二十年了；有感於此，她說：「我認為笛卡兒先生是最幸福的人，他的隱居的日子真是讓人羨慕。」當然，也得有有利的環境做保證才能讓笛卡兒得其所願，從而成為自己生命和幸福的主宰。從《聖職》一書中我們讀到的智慧只有對那些擁有豐厚遺產的人才是好的，對生活在光明裡的人才是有利的，被自然和命運賜予了智慧的人，一定急於謹慎地打開自己內在的幸福源泉，這就需要他具有豐富的獨立自主和閒暇。

想要獲得獨立自主和閒暇，人必須甘願節制欲望，隨時修身養性。更要有不受世俗喜好和外界的束縛影響的定力，只有這樣，人才不至於為了功名利祿，或者為了博取人們的喜愛和歡呼而犧牲自己，讓自己屈就於世俗低下的趣味和欲望，智慧之人是絕不會這樣的，他一定會聽從於荷瑞思的訓示。在寫給馬塞納思的信中，荷瑞思說：「世間最大的傻子，他們為了外在而犧牲內在，為了光彩、壯觀、地位、頭銜及榮譽而付出大部分甚至是所有的閒暇和自己的獨立空間。」歌德不幸這樣做了，而我卻僥倖沒有。在這裡，我所堅持的真理在於人類的幸福主要植根於內在，這一點與亞里斯多德在他的《尼各馬科倫理學》中的某些仔細觀察是相互印證的，他認為幸福預設了某個活動和某些能力的運用，如果沒有這些，幸福也就不存在了。在詮釋逍遙學派的哲學時，斯多巴斯對亞里斯多德的人類幸福在於能自主發揮各種天賦才能直至極限的主張做了這樣的解釋：「可以有力而又成功地從事你的全部工作，那才是幸福。」

所謂有力，就是「精通」所有事情。人類天生就有與周圍困難做鬥爭的力量，如果困難消失了，搏鬥也就隨之停止，因此這些力量無用武之地，反而成為生命的一種負擔。這時，為了避免厭倦帶來的痛苦，人還需再次發動自己的力量，並運用這些力量。「厭倦」的最大受害者是那些富有的上層階級人士。古代的盧克利特斯曾在詩裡描述陷於「厭倦」的富人那可憐悲慘的場景，他於詩中所描寫的在當今的每個大都市中仍然可見——那裡的富人很少待在家裡，因為這會讓他們感到厭煩，但在外面他們也很難受，因此不得不再次回到家裡，或者想健步如飛地奔赴郊外，好像他在那裡的別墅著火了一樣，但是到了郊外，他卻又立刻厭煩起來，不是匆忙入睡以讓自己在夢裡忘懷一切，就是再忙著起程返回城市。

像上面這種人的年輕時代，肯定是體力和生命力過剩，肉體及心靈無法對稱，不能長久保持體力和生命力，到了晚年，他們不是毫無心靈力了，就是缺少了培植心靈力的工具，以至於讓自己陷入了悲慘淒涼的境地中。意志是唯一不會枯竭的力量，也是一種人人都應該永遠具備的力量。為了讓意志保持高度活力，他們寧願參與一切高賭注危險遊戲，這顯然是一種墮落。一般情況下，人如果發覺自己整天無所事事，一定會為那閒置的精力找尋一種適合的娛樂，比如下棋、保齡球、賽馬、狩獵、詩詞、繪畫、音樂、戲劇、刻印、哲學或其他方面的嗜好，對於任何娛樂他都不怎麼精通，只是喜歡罷了。我們可以把這種嗜好規則地分為三類，它們代表了三種基本力量，就是合成人類生理組織的三個要素。不論它指向的目的是什麼，我們都可以探究這些力量的本身，怎樣發現三種幸福的源泉，以及每人按其剩餘精力種類選擇其一，讓自己得到快樂。

第一類是滿足「生命力」獲得的快樂，這裡的生命力主要有食、飲、消化、休息和睡眠。在世界的某個部分，這種基本快樂非常典型，基本上每個人都想得到這種快樂。

第二類是滿足「體力獲得的快樂，這種快樂可以從散步、跑步、舞蹈、角力、騎馬、擊劍以及類似的田徑等運動中獲得，有時甚至可以在戰爭年代透過軍旅生涯消耗過剩的體力。

第三類是滿足「怡情」獲得的快樂，比如在音樂、學習、閱讀、沉思、發明、觀察、思考、感受、對於詩與文化的體會以及自哲學等中獲得的快樂。

關於這些快樂的價值、持續性及相對效用的長短仍有許多，我們只能點到即止，其餘就留給讀者去思考吧。但有一點又是大家公認的，就是我們所運用的力量越高貴，所獲得的快樂就越大，因為快樂的獲得涉及自身力量的使用，而一系列的快樂順利地不斷顯現是構成人類幸福的主要因素，越是高貴的力量所帶來快樂的再現性就越高。因此獲得的幸福就是穩定。就這一點來說，滿足「怡情」而獲得的快樂地位，必然要比其他兩種根本快樂高；前兩類快樂也為獸類所擁有，甚至獸類具有更多這樣的快樂；只有充足的「怡情」方面的快樂才是人類所獨有的，這也是人與獸類的不同之處。我們的精神力是怡情展現出來的各種樣態，所以，充足的怡情讓我們能夠獲得某種與精神相關的快樂，那就是「智慧的快樂」，怡情越占優勢，這類快樂就越大。

普通人平時更加關心的事是那些會刺激他們的意志，也就是與他們個人利害息息相關的事情。不過，經常性地刺激意志並非一件純粹的樂事，其中定然夾雜著苦痛。就牌戲這種風行於「上流社會」的娛樂來說，它就是提供刺激的一種方式。由於它牽扯的利害關係很小，因此不致產生真實、長久的苦痛，只有暫時的微疼存在。

從另一個方面說，那些擁有極高智慧的人可以完全不涉及意志，他們更加關心一些「純知識」的事物，這種關心是這些人必備的品格，它為他們消除痛苦的干擾，讓他們生活在好似仙境般的寧靜國度裡。

心靈的財富是唯一真正的寶藏

普通人把他一輩子的幸福都寄託在外界事物上，或是地位、財富、嬌妻和子女，或是朋友、社會等，如果失去了這些，他們就會備感失望，他們的幸福根基也就由此盡毀了。也就是說，他的重心會因每個幻想及欲念的改變而改變位置，但卻不會放在自己身上。

如果他是一個資本家，那麼他幸福的重心就是好的馬匹、鄉間別墅、有趣的旅行或是朋友，總之是過上奢華的生活，因為他的快樂源於外在的事物。這就像是一個失去健康活力的人，不懂得重新培養已經流失的生命力，卻寄望於憑藉藥水、藥片重獲健康。

在說到另外一類人即聰慧之人以前，我們先看看介於兩者之間的一類人，他們雖然沒有出眾的才華，但卻比普通人要聰明些。他們愛好藝術卻不精通，也研究幾門學問，如天文、歷史、物理、植物，喜歡閱讀，當外界的幸福之源消失或不能繼續滿足他的需求時，也頗能以閱讀自娛。可以說這些人的部分重心就在自己的身上。不過愛好藝術與真正意義上的藝術創作根本就是不同的兩碼事，業餘的科學探索極易流於表面形式，不能深入到問題的核心部分。普通人很難全心投入到學術探索並任由這種探索充滿、滲透到生命的所有角落，以致徹底放棄其他方面的興趣。唯有極為聰慧之人，也就是所謂的「天才」才能達到這樣求知的強度，他能投入所有的時間和精力，竭力表達自己獨一無二的世界觀，抑或用詩、哲學來表達其對生命的認知。所以他急於悠然地獨處以便完成他思想的傑作。他喜歡孤獨，閒暇是至高的善，其他一切不僅不重要，甚至讓人討厭。

這種人完全把重心放在了自己的身上，即便他們為數不多，但不管性格多麼優秀，也不會對家庭、朋友或社團表現得多麼熱情或多感興趣；他們只要求真正的自我，即便失去其他一切也沒什麼。正是因為這一點，他們的性格常常容易陷入孤獨狀態，更因為其他人的本性與他不一樣，不能讓他滿足，彼此的不同之處便常常顯見，以至於即便他走在人群裡，仍然感覺自己像是孤獨的異鄉人。當他說到一般人時，只用「他們」而不會說「我們如何」。

我們現在能夠得出這樣的結論：天生具有極高智慧的人是最幸福的人。因此，主體因素和人的關係比它與客觀環境的關係更加緊密；因為不管客觀環境如何，他的影響常常是間接、次要的，而且都是以主體作為媒介。盧西安發覺了這個真理，便說：「心靈的財富是唯一真正的寶藏，其他的一切財富都可能帶來比該財富本身還要大的災禍。」除了消極和不受打擾的閒暇以外，不必再向外界索取其他任何東西，因為他需要的只是閒暇時光，發展、成熟自我的智性機能，以及享受生命內在的寶藏。總之，這樣的人生只求其一生中的每時每刻都可以為自己而活。

倘若他注定要成為整個民族的精神領袖的話，那麼能否完美地發展心智力量直到頂峰以完成他的精神使命，就成了他幸福與否的唯一標準，其他的都不重要。這就說明為什麼天生具有偉大心智力量的人都重視閒暇，視其為生命。亞里斯多德也曾說過：「幸福就在閒暇之中。」戴奧簡尼賴爾提斯在記述蘇格拉底的言行時說：「蘇格拉底視閒暇為一切財富中最美好的財富。」因此亞里斯多德在《尼各馬科倫理學》一書裡總結道，奉獻給哲學的生活就是最幸福的生活。此外他還在《政治學》中說道，能夠自由運用任何類別的力量就是幸福。最後，我們再引用歌德的一句話：「若某人天生具有一些可以為他使用的才華，那他的最大幸福就是使用這些才華。」

女人只是渴望恬靜安穩的一生

席勒的《女性的尊嚴》一詩，韻律優美，對仗工整，頗能扣人心弦，是一篇很成熟的作品。但在我看來，讚美女性最中肯、最妥當的，還是朱伊（法國作家）所寫的那幾句話。他說：「倘若沒有女性，我們生命的起點將失去被扶持的力量，中年失去歡樂，老年失去安慰。」拜倫在他的劇作《薩丹那帕露斯》裡也曾對女性發出感人至深的讚美：

> 人類呱呱墜地之始，就必須依靠女性的乳房才能不斷成長，嬰兒的牙牙學語亦出自女性之口的傳授，我們最初的眼淚是女性給我們抑止，我們的最後一口氣通常也是在女性身旁吐出來……
>
> （第 1 幕第 2 場）

以上二人所言都能真切、具體、傳神道地出女性的價值所在。

顯然，就女性的外觀和內在精神來說，她們常常不能承擔肉體上的劇烈勞動，這是由於她們在行動上不能承擔

「人生的債務」，因此造物者故意將一些受苦受難的事情加諸女性身上以求補償，諸如分娩的痛苦、對於子女的照顧、對丈夫的服從等 —— 很微妙的，女性對丈夫常常有一種超常的忍耐力。女性很少表現出強烈的悲哀、歡喜或其他強烈的力量，所以從本質上說，她們的生活無所謂比男人幸或者不幸，她們只是渴望恬靜、安穩的一生。

女性最適合擔任養育嬰兒及教育孩子的工作，為什麼呢？因為女性本身就像個孩子，既淺見又愚蠢 —— 一句話，她們的思想介於男性成人與孩子之間。一個少女能和孩子透過唱歌、跳舞、嬉戲等方式來度過一整日的時光。如果換個男人，即使他能耐下心來做這種事，但各位不妨想想看，那將會是一幅怎樣的畫面？

造物者似乎把戲劇中所謂的「驚人效果」用在了年輕女性的身上。造物主賜予她們的財富只有短短幾年的美麗，以及暫時的豐滿和魅力，到最後甚至透支她們日後所有的姿色。因此在這短短的幾年裡，她們能夠俘獲男人的感情，讓男人承諾對她們的愛護 —— 直到死亡。因為欲望促使男人動心直到做出承諾，只靠理性的成熟還不能保證其有效。所以，上蒼創造女人和創造萬物一樣，使用經濟手段，只有在生存必需時才給予她們需用的武器或器械。比如，雌蟻在交合以後便喪失翅翼，因為翅膀已經成了多餘，而且將給產卵與撫養帶來一種威脅；同樣，一名女性在生下幾個孩子以後，往往也就喪失了美麗、嬌豔。

因此，在年輕女性們的心裡，家務及其他女工也就成了次要的工作，甚至只是當成一種遊戲罷了。她們唯一思慮的，只不過是如何戀愛、如何俘獲男性，以及與之相關的事情而已，諸如化妝、跳舞，等等。

宇宙中的一切事物，越是優秀、高等，他們達到成熟的時間就來得越遲。在二十八歲以前，男性的理智與精神能力成熟的並不多見，女性卻在十八九歲時就已進入了成熟期。雖說是「成熟」，在理性方面她們仍表現得非常薄弱，因此，女性一輩子都只能像個孩子，她們往往只看重眼前利益，執著於現實，思維也只是流於表面而不能深入，不注重大是大非問題，只喜歡跟那些無關緊要的小事較勁。

人，不同於一般動物，只滿足於生存在「現在」，人類有理性，透過它，能夠檢討過去而瞻望未來。人類的遠見、懸念以及煩悶等都是因理性而生。由於女性的理性非常薄弱，因此那些因理性而生的利與弊，也比男性少得多。不，應該說女性是精神上的近視者，這樣更為準確。

她們直覺的理解力，對身邊事物的觀察力非常敏銳，但遠距離的事物卻無法入目。因此，凡是不在她們視野之內的，不管是有關過去還是有關未來的，她們都漠不關心。雖然男性身上也存在這種現象，但沒有女性那麼普遍，況且她們嚴重的程度有的已近乎瘋狂。女性的浪費癖就是基於這一心理，在她們的心中，賺錢是男性的本分，而盡力花掉這些錢（在丈夫在世或去世後）就是她們應盡的義務。尤其是為了家庭生活丈夫把薪資交給她們保管以後，更堅定了她們的這個信念。

當然，上述的做法和觀念存在諸多弊端，不過也具有一些優點，由於女性是活於現實的，因此她們知曉及時行樂的道理，看著整日勞苦的丈夫，她們不免於心不忍，為了調節丈夫的身心，必要時還會千方百計給丈夫以各種慰藉，增加生活的情趣。

古日耳曼民族有一個風俗，就是在男人們遭遇困難時，總是會屈尊求教於婦女，這樣做無可非議。為什麼呢？主要因為女人對於事物的理解方法與男人完全不同，最明顯的是她們眼裡只有距離近的事物，做事情通常會選擇離目標最快捷的路徑，而男人在看待眼前事物時，最初是毫不在意地一晃而過，但想來想去繞了幾個彎，最終得出的結論重點仍在眼前的事物上。大致上說，女子果斷，比較冷靜，對於事物的見解，只存在於當前事實，思緒單純，不會被那些紛亂複雜的思想所干擾；而男人則不然，如果激動起來，常常把存在的事物加以擴大或想像，結果要麼把小事鬧大、要麼鑽進牛角尖。

女性比男性更具憐憫之心，因此，對於那些遭遇不幸的人，她們易於表現出包含仁愛與同情的言行。但因為現實的心理，關於誠實、正直、正義感等德行卻比男人差。這是由於女人理性的薄弱，因此只有現實、具體、直觀的事物能在她們身上激起力量，對於與此完全相反的抽象思想、常在的名言或那些關於過去、未來或遠隔的各種事物，女人完全無法顧及。因此，她們雖然天生具有那些德行，卻無法發揮展開。就這一方面來說，女性完全可以與有肝臟但無膽囊的生物相比了。由此我們就發現了女性最根本的、最大的缺陷 —— 不正。

這個缺陷同樣要歸咎於理性的欠成熟，女性是弱者，她們沒有被恩賜雄渾的力量，造物者就賜予她們一項法寶 ——「狡計」。她們天生就有虛偽的本領，這就是上蒼的奇妙安排，就像獅子有利齒和銳爪、牛有角、像有牙、烏賊有墨汁一樣，造物者讓男人具有強健的體魄與理性，也賦予女性以防衛武裝的力量，那就是佯裝的力量。虛偽與佯裝，可以被稱作是女性的天性，即便是淑女，與愚婦相比，也沒多大的差別。因此她們盡可能地利用機會，借助這一力量，實際上，這就像上述動物遭受外界攻擊時使用它的武器那樣，是天經地義、自然而然的事。從某種程度上說，她們認為這樣做就像是在行使自己手中的權力一樣。因此幾乎沒有絕對誠實、沒有一點虛偽的女性。

女性對於他人的虛假極易被發覺，所以我們千萬別拿虛偽去回報女人。因為她們存在這一根本缺陷，於是不貞、背信、虛偽、忘恩等毛病相繼出現，法庭上的「偽證」，女性遠比男子做得多。因此對於女性發誓賭咒之類的行為，其真實性如何，實在有待推敲 —— 我們不是常常聽到一些雍容華貴的婦人在商店裡居然做起了順手牽羊的勾當嗎？

為了人類的繁衍生息，為了避免種族的退化，那些強壯、年輕而又俊美的男性，應造物者的召喚現身而出，這是一種自然而堅不可破的意志，被女性視為一種激情。從古至今，這種法則一直淩駕於其他法則之上，因此男性的權利和利益一旦與它相違背，必然遭殃，在那「一見鍾情」的一刻，他的一言一行就會分崩離析，因為在女性潛意識的、不形之於外的、神祕的、與生俱來的道德中早已認定：「我們女性天生具有對於那些只知謀取私利、妄圖霸占種族權利的男性行使欺騙的權利。種族的構成與幸福，關係到我們的後代，這全靠我們女性的養育與照顧。我們順應本心去履行我們的義務吧！」對於這個最高原則，女性不只是抽象的意識，還暗藏著對具體事實的意識，因此一旦機會來臨，除了付諸行動外，沒有別的方法了。在她們這樣做時，其內心超乎我們想像的平靜，因為在她們心靈深處早已意識到種族的權利遠比個體大，所以更應為種族盡義務，儘管個體的義務可能會因此遭受侵害。

總之，女性就是為了繁衍種族後代而存在的。她們的天性也是應此而生的，因此她們甘心為種族犧牲個體，她們的思維也常常側重於種族方面的事情。也因為這樣，她們的性情和行為被賦予了某種輕佻的色彩，具有和男性截然不同的傾向。這在婚姻生活中可見一斑，不，人們常說的夫妻不和諧，差不多就在於此吧。

男人之間可以隨隨便便地相處下去，女性之間似乎生來就相互敵視。商場中那種「同行相嫉」的心理，對男人來說，只會在某一特殊情形下才可能出現嫌隙，而女性則具有一種獨占市場的心理，因此所有女性都成了她仇視的對象，即便是在路上相遇，也好像歸爾甫（Guelfs）黨徒碰面。只有理性被性慾矇蔽了的男人才會把「美麗天使」這個頭銜用在那些矮小、瘦肩、肥臀而又短腿的女人身上，因為女性之美通常只存在於性慾之中。

與其說她們漂亮，不如說她們毫無美感更加準確。不管是對於音樂、詩歌還是美術，她們都沒有絲毫真情實感。或許她們會表現出一副用心欣賞、非常在行的樣子，那也只是為了迎合他人的一個幌子罷了。總之，女人對這些事情，絕對不會以客觀性介入，在我看來，這是因為：男人對待任何事情都是靠智慧或理性，盡力去理解它們或者親手征服它們；而女性不管何時何地，都是透過丈夫的這層關係來間接支配一切，因此她們天生具有一種支配丈夫的能力。她們生來就有一種固執的觀念 —— 一切以俘獲丈夫為中心。女性做出關心其他事物的態度，其實那只是在偽裝，是為達到目的而進行的迂迴戰術，說到底不過是在模仿或獻媚罷了。盧梭在寫給達蘭倍爾（法國哲學家、數學家）的信中曾說：「一般女子對所有藝術都沒有真正的熱愛和真正的理解，同時，對於藝術來說，她們也沒有什麼天賦。」

這話說得太對了。比如在音樂會或歌劇表演等場合，我們可以仔細觀察下普通女性的「欣賞」態度，即使是最偉大的傑作，即使是演唱到了最精彩的時刻，她們依然像個孩子似的嘰嘰喳喳，不知聊些什麼。據說古希臘人曾有嚴禁婦女觀劇的規定，如果這是真的，倒是非常可行，至少能讓我們在觀劇時不會受到干擾，可以多欣賞一會，甚至能領悟一點什麼出來。我們確實有必要在「婦女在教會中要肅靜」（見於哥林多前書 16 節之 24）這一規則後面再加上一條，那就是：「婦女在劇院中要肅靜」。

除此，我們實在不能對女性有太多奢望。就拿美術來說吧，從繪畫的技法上看，男女一樣適合，但有史以來即使最優秀的女性在這方面也沒有產生任何一項具有獨創性或真正偉大的成就，而在其他方面，她們也沒有給世界做出什麼具有永恆價值的貢獻。

表面看來女人們對繪畫非常熱衷，可是為什麼不能創作出優秀作品呢？「精神的客觀化」是繪畫的重要因素之一，而女性凡事皆易陷入主觀，正由於這個不足，因此普通女性對繪畫都沒有多少領悟性，連這個基本條件都不具備，自然不會有什麼作為了。三百年前的哈爾德（馬德里醫學家和作家）在他的佳作《對於科學的頭腦試驗》中，就曾斷言過：「女性不具備一切高等的能力。」除了個別特殊情形以外，這是絕對的的事實。

大體而言，女性實在是俗不可耐，她們一生都擺脫不掉平凡庸俗的環境和生活。所以妻子和丈夫共享身分與稱號是非常不公平的。一旦讓她們指揮調配，會因為她們的虛榮心給男人帶來無盡的刺激，這是造成近代社會腐化的一大原因。

女人們在社會中到底處在何種地位更為合適？拿破崙一世說道：「女性無階級。」我們不妨把這當成標準。其他的如夏佛茨倍利（英國倫理學家）的見解也很有道理。他說：「女人儘管是因男人的愚蠢和弱點而生，但與男人的理性完全無關。男女之間，只有表面上的同感，在精神、感情、性格等方面卻絕不相同。」女人畢竟是女人，她們永遠都跟不上男人的腳步。因此在針對女性的弱點方面，我們唯有睜一隻眼閉一隻眼，不必太認真，但假如對她們過於尊敬，卻又顯得可笑與誇張，在她們看來，我們男人是在自降身分。

自混沌初開，人類一分為二時，就沒有絕對的「等分」，不過是分成「積極」和「消極」兩類，不但質是這樣，量也是這樣。比如東方民族和希臘羅馬人，對女性的認知判斷他們要比我們準確得多，他們賦予女性的地位，也比我們妥當得多。女性崇拜主義是基督教與日耳曼民族豐富感情的產物，它同樣是將感情、意志與本能高舉在意志頭頂的浪漫主義運動的導火線，這種愚蠢到家的女性崇拜，常常讓人聯想到印度教「聖城」貝拿勒斯的神猿，當這只猿猴得知自己被當作神聖而獲得「禁止殺傷」的特權時，它就更加蠻橫霸道了。女性的橫霸與任性猶有過之。西方各國所賦予女性的 —— 特別是那「淑女」地位，實在是錯得離譜。從古至今都是屈居人下的女人，絕對不是我們應該敬重與崇拜的對象，由於她們依靠自身的條件與男人享有同樣的權利還不可同日而語，更別說享有同等特權了，否則肯定造成不可挽回的損失。我們要求給予女人一定的地位，不只會被亞洲人恥笑，若古希臘羅馬人得知，也一定會譏笑我們的不智，只希望「淑女」一詞自此消失無蹤。如果這樣，不管是在社會還是政治上，我相信都會帶來不錯的收益。

因為「淑女」這一身分的存在，讓歐洲大部分女性（特別是那些身分不高的女人）比東方女性遭遇了更多不幸。這些所謂「淑女」根本沒有存在的必要，不過對於那些主婦和就要成為主婦的少女們，她們確實不可或缺，對於後者，我們應該好好地教導她們，讓她們不再狂妄自大，從而具有服從的優秀品質和快速適應家族生活的能力。

拜倫說：「古希臘婦女的生活狀態，確實是一面很好的鏡子。男人可以為她們充分供給衣食，讓她們不用為了謀生而到社會上拋頭露面，可以全心全意地照顧家庭。要達到這種生存狀態，她們一定要接受充足的宗教教育，與詩、政治理論等相關的書籍不讀也罷，但有關『敬神』和『烹調』方面的書籍卻必須得看。空閒時，繪畫、跳舞、撫琴和唱歌都可以，還可以不時造些園藝或者下田耕作。伊比魯斯的女人都能夠修築出十分漂亮的道路來，我們現在的女人還有什麼藉口不做那些擠牛奶、砍枯草之類的簡單工作呢？」

服從是女人的天性，在此我還可以進一步說明：年輕的女人本來是自由自在與獨立不羈的（這有悖於女人的自然地位），但要不了多久，就要尋覓一個能夠指揮統治自己的男人為伴，這就是女人的受支配需求。年輕時，支配者是她們的丈夫；年老時，便是傾聽懺悔的僧侶。

為愛而結婚的人將生活在痛苦之中

出自愛情的婚姻，其締結是為著種屬，而不是個體的利益。雖然當事人誤以為在謀求自己的幸福，但他們真正的目的卻不為他們所了解，因為這目的只是生產一個只有經由他們才可以生產的個體。男女雙方為著這一目的而走到了一起。這樣他們應該彼此盡可能地和諧共處。雖然這兩個人由於本能的錯覺 —— 它是狂熱愛情的本質 —— 而走到了一起，這兩人在其他方面的差異通常是很大的。當錯覺消失以後 —— 這是必然發生的事情 —— 其他方面的差異就會暴露於光天化日之下。因此，出自愛情的婚姻一般來說都會導致不幸福的結局，因為這樣的婚姻就是為了將來的後代而付出了現在的代價。

「為愛而結婚的人將不得不生活在痛苦之中。」一句西班牙諺語如是說。而出於舒適生活考慮而締結的婚姻 —— 這經常是聽從父母的選擇 —— 則是相反的情形。在這裡，人們主要的考慮 —— 不管它們是什麼 —— 起碼是現實的，不會自動地消失。這種婚姻著眼於現在一代人的幸福，而這當然就會給後代帶來不利，並且是否真能確保前者仍是未知之數。在婚姻問題上只看在金錢的價上，而非考慮滿足自己喜好的男人，更多的是活在個體，而非種屬之中。

這種做法直接與真理相悖，因此它看上去就是違反自然的，並且引來人們的某種鄙夷。如果一個女孩，不聽其父母的建議，拒絕了一個有錢、年紀又不老的男人的求婚，把所有舒適生活的考慮擱置一邊，做出了符合自己本能喜愛的選擇，那她的做法就是為了種屬而犧牲了自己個體的安樂。不過正因為這樣，我們才不由自主地給予她某種讚許：因為她挑選了更為重要的事情，並且以大自然（更準確地說是種屬）的意識行事，而她的父母則本著個體自我的思想給她出謀劃策。根據以上所述，我們似乎看到了這樣一種情況：在締結婚姻時，要麼我們的個體，要麼種屬的利益，這兩者之一肯定會受到損害。通常就是這樣的情形，因為優厚的物質條件和狂熱的愛情結合是至為罕有的好運。

大多數人的身體、道德，或者智力都相當差勁和可憐——其原因或許部分就在於人們在選擇自己的婚姻伴侶時通常不是出於純粹的喜好，而是考慮各種外在的因素和聽任偶然的情形。但如果人們在考慮舒適生活的同時，也在某種程度上考慮自己個人的喜愛，那就等於是和種屬的精靈達成了妥協。眾所周知，幸福的婚姻是稀有的，這正好是因為婚姻的本質就在於它主要著眼於將來的一代，而不是現在這一代人。不過請讓我加上這一句，作為對那些具溫柔氣質和充滿愛意的人的某種安慰：有時候，與狂熱的性愛結合在一起的是一種出自完全不同源頭的感情，也就是說，是一種建立在性情相投基礎上的真正的友誼，但這種友誼經常只在真正的性愛因獲得滿足而熄滅以後才會出現。這種友誼通常是這樣產生的：兩個個體的身體、道德和智力方面的素質互相對應，形成互補 —— 由此產生了著眼於將來孩子的性愛，這些特質在這兩個個體的關係中，使各自的脾性、氣質和思想優點相映成趣，同樣發揮了互補的作用，並由此構成了氣味相投、和諧的基礎。

在此討論的關於性愛的形而上學與我的總體的形而上學可謂絲絲入扣，而前者能夠幫助我們認知後者的地方則可以總結為下面幾點。

我已經清楚表明：人們為了滿足性慾而小心翼翼地選擇異性伴侶 —— 這裡包括性愛的無數強烈等級，最高一級則為狂熱的激情 —— 完全是因為人們嚴肅、認真地關注其後代的個人特性。這種異常奇特的關注證實了我在《作為意志和表象的世界》已經闡明的真理：第一，人的自在本質是不可消滅的——它繼續生存於後世之中。這是因為假如人類是絕對倏忽、短暫的，那在時間上尾隨著我們的人種的確完全有別於我們，那麼如此強烈和不知疲倦的關注——它並非出自人為的思考和意圖，而是出自我們本質的內在衝動和本能——是不可能像現在這樣頑固存在、難以根除，並對人們發揮著如此強大的影響。第二，人的自在本質更多地存在於種屬，而非個人之中，這是因為這種對種屬的特殊構成的關注——它是所有愛情的根源，從只是一時的喜歡一直到最投入、最認真的激情——對於每一個人來說都確實就是最重要的事情；而這種事情的成功或者失敗會深深地觸及每一個人。因此，這事情也就被特別稱為心的事情。

更有甚者，當這種關注強烈和明確地表現出來時，所有只是關乎自己個人利益的事情則一概讓路，並在必要的時候成為其犧牲品。所以人們以這樣的方式顯示了：種屬比起個體與人們更加密切，兩者相比較，人們更直接地活在種屬之中。那麼為何戀愛著的男人把全部身心交付出去，卻誠惶誠恐地看著對方的眼色，隨時準備著為她做出種種犧牲？因為渴求她的是他身上的不朽部分，而渴求其他任何別的都永遠只是他身上的可朽部分而已。那種目標指向某一特定女子的迫切甚或熾熱的渴望，就是證實我們那不可消滅的本質內核以及它在種屬延續著生存的直接憑據。但把這種延續的生存視為不重要和不足夠則是錯誤的。我們出現這一錯誤是因為我們把種屬延續的生存，理解為只是一些與我們相似的生物在將來的存在，它們在任何一個方面都並非與我們為同一。

另外，由於我們的認知從內投向外 —— 從這些認知的角度觀察，我們考慮的就只是我們所直觀看到的、種屬的外在形態，而不是它的內在本質。但正是這種內在本質構成了我們意識的基礎，是我們意識的內核，它對於我們甚至比這意識本身還要直接。作為自在之物，它並沒有受到個體化原理的限制，存在於所有個體當中的其實就是同一樣的東西，不管這些個體相互並存抑或先後依次存在，這就是生存意志，也正好就是這如此迫切要求生命和延續的東西。

所以它不會受到死亡的影響。但是，這生存意志也不可以達到比目前更好的狀況和處境了。所以對於生命來說，個體永恆不斷的痛苦和死亡是肯定的。擺脫這些痛苦和死亡，就只能否定生存意志；只有這樣做，個體意志才可能掙脫種屬的根基，放棄在種屬中的存在。至於到了這個時候意志成了什麼，我們缺乏明確的認知，我們甚至缺乏為我們帶來這方面認知的素材。我們只能把它形容為可以自由決定成為還是不成為生存意志的東西；如果答案是否定的話，佛教就把它稱為涅槃。這一境界始終是人類這樣一種認知能力所無法探究的。

如果我們現在從這最後思考的角度審視混亂的人生，我們就可以看到每個人都在窮於應付生活中的困苦和折磨，竭盡全力去滿足沒完沒了的需求和躲避繁多的苦難，人們所能希望的不外乎就是把這一充滿煩惱的個體生存保存和維持一段短暫的時間。在這一片喧嚷、騷動之中，我們卻看到了兩個戀人百忙當中互相投向對方充滿渴望的一眼，為何這樣祕密、膽怯、躲躲閃閃？因為這些戀人是叛變者——他們在暗中爭取延續那要不是這樣很快就會終結的全部困苦和煩惱，他們打算阻止這一結局的到來，就像其他像他們那樣的人在這之前所成功做了的一樣。

出身貧苦的人擁有堅定而充足的自信

偉大的幸福論者伊比鳩魯把人類的需要分為三類，他所做的分類非常準確。第一類是自然且必需的需求，如食物和衣服。這都是容易滿足的需求，如果缺乏就會有痛苦感。第二類是自然但並非必需的，如某種感官的滿足。在此我要說明一下：根據狄奧簡尼·盧爾提斯的記述，伊比鳩魯並沒有指明是哪些感官，因此與原有的伊氏學說相比，我所敘述的更加固定和確實。第二種需要較難滿足，第三類就是既非自然又非必需的，如對奢侈、揮霍、炫耀及光彩的渴望。這種需求就像無底的深淵，很難讓人滿足。

用理性定義出財富欲的界限確實很難，我們幾乎不能找出可以讓人感到真正滿足的財富量，這一數量是相對的，就像在他所求和所得間，透過意志保持了一定的比例。只憑人的所得來衡量其幸福，不管他所希望得到的 —— 這樣的衡量方式，好比只有分子而不能寫出分數一般無效。對自己不希冀的東西，人不會產生失落感：沒有那些，他依然可以快樂；而另一類人，即使擁有無數財富，卻常常為自己得不到所希望的東西而苦惱，在他所見範圍內的東西，只要他能夠得到，就會感到快樂，而一旦不能得到，就會終日苦惱。每個人都有自己的地平面，超出這個範圍的東西，對他來說，能否獲得並沒有影響。

所以富翁的億萬財富並不會讓窮人眼紅，而富翁也不能用財富來彌補希望的破滅。財富就像海水，喝得越多，就越口渴，名聲同樣是這個道理。除去第一次陣痛，喪失財富並不能讓人的習慣氣質出現改變。要是人不能擺脫財富減少的命運，他就會主動減少自己的權力。當噩運來臨，減少權力確實十分痛苦，不過如果做了，這種痛苦就會慢慢減小，直至沒有了感覺，就像痊癒的舊傷那樣。相反的情形是，好運降臨，權力愈來愈多，沒有約束，這種擴展感讓人快樂，但是非常短暫，當擴展完成，快樂也就跟著消失了，習慣了權力增加的人們，慢慢地就不再關心滿足他們的財富數量。《奧德賽》中的一句話就是這一真理的描述：

在我們不能增長財富，卻又不停想增加權力時，不滿之情隨之產生。

我們如果清楚人類的需要是何等之多，人類的生存怎樣建立在這些需要之上，就不會驚訝於財富為什麼要比世上其他東西更加尊貴，為什麼財富會占有如此榮耀的地位。對於一些人把謀利看作生命的唯一目標，並把不屬於此途的 —— 比如哲學 —— 推到一旁或拋棄於外，我們都不會覺得驚訝。那些渴求金錢和喜愛金錢超過一切的人總是會受到斥責，這是非常自然且不能避免的事情，他們就像多變又樂此不疲的海神，追求很多事物，隨時隨地都想滿足自己的一切欲望。任何其他的事都會變成滿足對象，不過一件事物僅能滿足一個希望和一個需求。食物固然是好東西，卻只有在飢餓時才是這樣。假如曉得享受美酒的話，酒也是這樣。患病時藥便是好的，天冷時火爐便是好的，年輕時愛情便是好的。當然，這所有的好只是相對而言的，唯有金錢才是絕對的好：錢不僅可以具體地滿足特殊的需要，還可以抽象地滿足一切。

假如人有一筆自己非常滿意的財富，他就應該把它作為抵禦他可能會遇到的不幸或災禍的保障，而不應當作在世間花天酒地的許可證，或認為錢就應該這樣用。那些白手起家的人，通常認為致富的才能是他們的本錢，所賺得的金錢只能算作利潤，所以他們盡數花掉所賺的錢，卻不知道把一部分存起來當作固定資本。這類人大部分會再次淪為貧窮：或收入降低，或毫無進項，這一切源自他們才能的枯竭，或者時過境遷，讓他們的才能喪失了用武之地。而那些以手藝為生的人，隨便花掉所得卻並無大礙，因為手藝是一種不易失去的才能，假如某人失去了手藝，他的同行完全能夠彌補；另外，這類人的工作為社會普遍所需，因此古語說：「一項有用的行當就像一座金礦。」而對於藝術家與其他專家，情形卻又不同，這也是他們的收入比手藝人高得多的原因。這些收入高的人本來應該存一些錢當作資本，但他們卻把收入當作利潤全部花掉，以致後來變得十分窮困。此外，繼承遺產的人至少可以知道哪部分是資本與利潤，並盡力保全資本，輕易不會動用；假如情況緊急，他們至少會存起八分之一的利息來應付。所以他們中的大多數可以保證其地位不會降低。

前述的有關資本和利潤的幾個觀點並不適用於商業界：金錢之於商人，就像工具之於工人，只是獲取利益的手段，所以即使他的資本全都是自己努力賺取的，他也會靈活運用這些錢以保有和增加財富。因此，沒有別處能像商業階級那般，把財富當成平平常常的事物。

我們能輕易發現，那些切身體驗過與了解貧窮和匱乏滋味的人，不再害怕困苦，正因為這樣，與那些家境富裕、只聽說過窮苦的人相比，他們也更容易產生揮霍的習慣。與那些依靠運氣致富的暴發戶相比，生長於優越環境的人常常更加節省和謹慎計劃未來。這樣看來，真正的貧窮似乎並沒有傳聞中說的那麼恐怖，其中真正的原因就是，出身優越的人總把財富看得如空氣一般重要，失去財富他就不知該怎樣生活；因此他會像保護自己的性命一樣保護財富，進而也會熱愛有規律、節儉和謹慎的生活作風。但對於自小習慣了貧窮的人而言，一旦致富，他也會把財富看作過眼煙雲，就像塵土一樣，可以隨便用於享受奢侈品，因為他隨時都可以過以往那種困苦的生活，還能不必為金錢憂慮。莎士比亞在《亨利四世》一劇中說：「乞丐可以悠哉地生活一世，這話真不假！」

應該說，出身貧苦的人擁有堅定而充足的自信，相信命運，更相信天無絕人之路 —— 相信自己的智慧，也相信自己的心靈，因此同富人不同，他們不會將貧窮的陰影看作無底的深淵，而是堅信，即便再一次跌倒，依然可以再爬起來 —— 人性中的這個特點恰好可以證明婚前窮苦的妻子為何總比那些嫁妝豐厚的太太更愛花錢，要求也更多。顯然，富家女帶來的不只是財富，還有比貧家女更自然的保有這些財富的本能。假如有人懷疑這一點，並認為實際情況剛好相反，那麼他可以在亞理奧斯圖的第一首諷刺詩中找到答案；而另一方面，姜生博士的一段話卻正好印證了我的觀點：「出身富貴家庭的女子，早就習慣了支配金錢的生活，懂得怎樣謹慎地花錢。與之相比，一個因結婚而首次獲得金錢支配權的女子則會更加熱衷於花錢，奢侈浪費也就不足為奇了。」

在我奉勸大家慎重保管自己或賺取或繼承的財富時，還有一件事情需要說明：倘若有一筆錢足以讓人不必工作就能夠獨立舒適地生活，即使只夠一個人的花銷 —— 夠全家人用的就不必考慮了 —— 也相當於撿了個大便宜，因為有了這筆錢，那好似慢性病一樣黏在人們身上的貧苦就可以「藥到病除」了，人類就能夠從幾乎注定了的強迫勞役中解脫出來。只有這樣幸運的人才能說是生而自由的，他們才可以成為自己所處時代的主人，才可以在每天早上驕傲地說：「這一天是我的。」

正因為這樣，每年收入過百和每年收入過千的人之間的差距，遠小於前者和一無所有者之間的對比。如果具備高度心智力的人繼承了遺產，那麼這筆財富就可以實現最大的價值，這種人大多追求的是一種自己不必拚命賺錢的生活，所以假如獲得遺產，就好像獲得了上天雙倍的恩典，其聰明才智可以得到完美發揮，實現他人所不能實現的工作——可促進群眾福利並增加整個人類的榮耀，假如他以百倍於此的價值報答曾給予他這區區之數的人類，另一類人或許會用其所獲得的遺產去開展慈善事業以幫助同胞們。不過倘若這個人對上述事業毫無興趣，也沒有嘗試去實踐，從來不曾專心地研究一門學問以促進其發展，那麼即使他長於優越的環境，這種環境也只會讓他更愚笨，變成時代的蠢材，被他人所不齒。

如此情形下，他是不會感到幸福的。金錢雖然讓他免於貧苦，卻讓他掉進另一痛苦的深淵——煩悶。這種煩悶的痛苦，讓他寧可貧苦——假如這能讓他有事可做的話。也因為煩悶，讓他更傾向於浪費，最後導致他喪失了這種自以為不值得去占的便宜。大家都是這樣：當他們有了錢以後，就用錢去購得暫時的解放，以使自己逃離煩悶感的壓迫，但最後的結果，常常是自己又陷入貧苦。

如果一個人以政治生涯的成功作為自己奮鬥的目標，那麼情況又會變得不一樣。在政界、個人利益、朋友和各種關係都是幫助他邁向成功頂端的重要因素。在這種生活中，處在社會底層一無所有的人較容易實現目標。假如他雄心勃勃，頭腦靈活，即使並非貴族出身，甚或身無分文，這不但不是他事業的障礙，反而更會增加他的聲望。因為在平時與他人的接觸中，幾乎每個人都希望別人有不如自己的地方，這種情形在政界表現得更為明顯。一個窮光蛋，不論是從哪一方面看，都是絕對地、徹底地不如他人，但他的弱小和微不足道，反而讓他在政治把戲中悄然占有一席之地。唯有他可以做到深深的鞠躬，需要時甚至是磕頭；只有他可以對任何事物妥協又能肆意嘲諷；只有他明白仁義道德的虛假；在提到或寫到某位領導要人時，只有他能放開最大的音量和運用最大膽的筆調；只要他們稍做回應，他就能把這譽為最富神采的佳作。只有他清楚怎樣乞求，所以如果他脫離孩童時期，就即刻變成一名教士，來宣傳這種歌德所揭示的隱祕背後的祕密。

抱怨世俗目的的低下根本就是在發牢騷，無論人們怎麼說，他們就是世界的統治者。

另一方面，生來就有充足財富可以舒適過一生的人，一般來說都會擁有一顆獨立的心，不慣於同流合汙，也不會低聲下氣地乞求他人，甚至還會追求一點才情，即使他應該清楚這種傲骨的才氣遠遠不是凡人諂媚的對手；由此漸漸看清了上位者的本來面目，當對方羞辱自己時，就會表現得更加倔強和不屑。高處不勝寒——那些上位者絕非得世之道，他們必將牢牢記住伏爾泰所說的話：

生命短促如蜉蝣，用短短一生去侍奉那些卑鄙的渾蛋，是多麼不值得啊！

不過，世間「卑鄙的渾蛋」終是人多勢眾，所以米凡諾所說的「假如你的貧窮大過才氣，你是很難有所成就的」，只適用於文藝界，政界及社會的野心則另當別論。

在上述的人的產業中，我沒有提到妻子與子女，由於我認為自己是為他們所有而並非占有他們。此外，我還應該提到朋友，但朋友的關係應該是一種相互的關係。

要麼庸俗，要麼孤獨

能夠自得其樂，感覺到萬物皆備於我，並可以說出這樣的話：我的擁有就在我身上——這是構成幸福的最重要的內容。因此，亞里斯多德說過的一句話值得反覆回味：幸福屬於那些容易感到滿足的人（這也是尚福的妙語所表達的同一樣思想，我把這句妙語作為警句放置這本書的開首）。這其中的一個原因是人除了依靠自身以外，無法有確切把握地依靠別人；另一個原因則是社會給人所帶來的困難和不便、煩惱和危險難以勝數、無法避免。

獲取幸福的錯誤方法莫過於追求花天酒地的生活，原因就在於我們企圖把悲慘的人生變成接連不斷的快感、歡樂和享受。這樣，幻滅感就會接踵而至；與這種生活必然伴隨而至的還有人與人的相互撒謊和哄騙。

首先，生活在社交人群當中必然要求人們相互遷就和忍讓，因此人們聚會的場面越大，就越容易變得枯燥乏味。只有當一個人獨處的時候，他才可以完全成為自己。誰要是不熱愛獨處，那他也就是不熱愛自由，因為只有當一個人獨處的時候，他才是自由的。

社交聚會要求人們做出犧牲，而一個人越具備獨特的個性，那他就越難做出這樣的犧牲。因此一個人逃避、忍受抑或喜愛獨處是和這一個人自身具備的價值恰成比例。因為在獨處的時候，一個可憐蟲就會感受到自己的全部可憐之處，而一個具有豐富思想的人只會感覺到自己豐富的思想。一言以蔽之：一個人只會感覺到自己的自身。進一步而言，一個人在大自然的級別中所處的位置越高，那他就越孤獨，這是根本的，同時也是必然的。如果一個人身體的孤獨和精神的孤獨互相對應，那反倒對他大有好處。否則，跟與己不同的人進行頻繁的交往會擾亂心神，並被奪走自我，而對此損失他並不會得到任何補償。

大自然在人與人之間的道德和智力方面定下了巨大差別，但社會對這些差別視而不見，對每個人都一視同仁。更有甚者，社會地位和等級所造成的人為的差別取代了大自然定下的差別，前者通常和後者背道而馳。受到大自然薄待的人受益於社會生活的這種安排而獲得了良好的位置，而為數不多得到了大自然青睞的人，位置卻被貶低了。因此，後一種人總是逃避社交聚會。而每個社交聚會一旦變得人多勢眾，平庸就會把持統治的地位。社交聚會之所以會對才智卓越之士造成傷害，就是因為每一個人都獲得了平等的權利，而這又導致人們對任何事情都提出了同等的權利和要求，儘管他們的才具參差不一。接下來的結果就是：人們都要求別人承認他們對社會做出了同等的成績和貢獻。所謂的上流社會承認一個人在其他方面的優勢，卻唯獨不肯承認一個人在精神思想方面的優勢；他們甚至抵制這方面的優勢。社會約束我們對愚蠢、呆笨和反常表現出沒完沒了的耐性，但具有優越個性的人卻必須請求別人對自己的原諒；或者，他必須把自己的優越之處掩藏起來，因為優越突出的精神思想的存在，本身就構成了對他人的損害，儘管它完全無意這樣做。因此，所謂「上流」的社交聚會，其劣處不僅在於它把那些我們不可能稱道和喜愛的人提供給我們，同時，還不允許我們以自己的天性方式呈現本色；相反，它強迫我們為了迎合別人而扭曲、萎縮自己。具有深度的交談和充滿思想的話語只能屬於由思想豐富的人所組成的聚會。在泛泛和平庸的社交聚會中，人們對充滿思想見識的談話絕對深惡痛絕。所以在這種社交場合要取悅他人，就絕對有必要把自己變得平庸和狹隘。

因此我們為達到與他人相像、契合的目的就只能拒絕大部分的自我。當然為此代價，我們獲得了他人的好感。

但一個人越有價值，那他就越會發現自己這樣做實在是得不償失，這根本就是一樁賠本的買賣。人們通常都是無力還債的：他們把無聊、煩惱、不快和否定自我強加給我們，但對此卻無法做出補償。絕大部分的社交聚會都是這樣的實質。放棄這種社交聚會以換回獨處，那我們就是做成了一樁精明的生意。另外，由於真正的、精神思想的優勢不會見容於社交聚會，並且也著實難得一見，為了代替它，人們就採用了一種虛假的、世俗常規的、建立在相當隨意的原則之上的東西作為某種優越的表現 —— 它在高級的社交圈子裡傳統般地傳遞著，就像暗語一樣地可以隨時更改。這也就是人們名之為時尚或時髦的東西。但是當這種優勢一旦和人的真正優勢互相碰撞，它就馬上顯示其弱點。並且「當時髦進入時，常識也就引退了」。大致說來，一個人只能與自己達致最完美的和諧，而不是與朋友或者配偶，因為人與人之間在個性和脾氣方面的差異肯定會帶來某些不協調，哪怕這些不協調只是相當輕微。完全、真正的內心平和和感覺寧靜 —— 這是在這塵世間僅次於健康的至高無上的恩物 —— 也只有在一個人孤身獨處的時候才可覓到；而要長期保持這一心境，則只有深居簡出才行。

這樣，如果一個人自身既偉大又豐富，那麼，這個人就能享受到在這一貧乏的世上所能尋覓得到的最快活的狀況。確實我們可以這樣說：友誼、愛情和榮譽緊緊地把人們聯結在一起，但歸根到底人只能老老實實地寄望於自己，頂多寄望於他們的孩子。由於客觀或者主觀的條件，一個人越不需要跟人們打交道，那麼他的處境也就越好。孤獨的壞處就算不是一下子就被我們感覺得到，也可以讓人一目瞭然；相比之下，社交生活的壞處卻深藏不露：消遣、閒聊和其他與人交往的樂趣掩藏著巨大的且通常是難以彌補的禍害。青年人首要學習的一課，就是承受孤獨，因為孤獨是幸福、安樂的源泉。據此可知，只有那些依靠自己，能從一切事物當中體會到自身的人才是處境最妙的人。西塞羅曾說過，「一個完全依靠自己，一切稱得上屬於他的東西都存在於他的自身的人是不可能不幸福的」。

除此之外，一個人的自身擁有越多，那麼，別人能夠給予他的也就越少。正是這一自身充足的感覺使具有內在豐富價值的人不願為了與他人的交往而做出必需的、顯而易見的犧牲；他們更不可能會主動尋求這些交往而否定自我。相比之下，由於欠缺自身內在，平庸的人喜好與人交往，喜歡遷就別人，這是因為他們忍受別人要比忍受他們自己來得更加容易。此外，在這世上，真正具備價值的東西並不會受到人們的注意，受人注意的東西卻往往缺乏價值。每一個有價值的、出類拔萃的人都寧願引退歸隱——這就是上述事實的證明和結果。據此，對於一個具備自身價值的人來說，如果他懂得盡量減少自己的需求以保存或者擴大自己的自由，盡量少與他的同類接觸——因為這世上人是無法避免與其同類打交道的，那麼，這個人也就具備了真正的人生智慧。

促使人們投身於社會交往的，是人們欠缺忍受孤獨的能力——在孤獨中人們無法忍受自己。他們內心的厭煩和空虛驅使他們熱衷於與人交往和到外地旅行、觀光。他們的精神思想欠缺一種彈力，無法自己活動起來，因此，他們就試圖透過喝酒提升精神，不少人就是由此途徑變成了酒鬼。出於同樣的原因，這些人需要得到來自外在的、持續不斷的刺激——或者，更準確地說，透過與其同一類的人的接觸，他們才能獲取最強烈的刺激。一旦缺少了這種刺激，他們的精神思想就會在重負之下沉淪，最終陷進一種悲慘的渾噩之中。

我們也可以說：這類人都只各自擁有人性的理念之中的一小部分內容。因此，他們需要得到他人的許多補充。

只有這樣，他們才能在某種程度上獲得人的完整意識。相比之下，一個完整、典型的人就是一個獨立的統一體，而不是人的統一體其中的一小部分。因此這個人的自身也就是充足完備的。在這種意義上，我們可以把平庸之輩比之於那些俄羅斯獸角樂器。每只獸角只能發出一個單音，把所需的獸角恰當地湊在一起才能吹奏音樂。大眾的精神和氣質單調、乏味，恰似那些只能發出單音的獸角樂器。確實，不少人似乎畢生只有某種一成不變的見解，除此之外，就再也沒有能力產生其他的念頭和思想了。由此不但解釋清楚為什麼這些人是那樣的無聊，同時也說明了他們何以如此熱衷於與人交往，尤其喜歡成群結隊地活動。這就是人類的群居特性。

人們單調的個性使他們無法忍受自己，「愚蠢的人飽受其愚蠢所帶來的疲累之苦」。人們只有在湊到一塊、聯合起來的時候，才能有所作為。這種情形與把俄羅斯獸角樂器集合起來才能演奏出音樂是一樣的道理。但是一個有豐富思想頭腦的人，卻可以跟一個能單獨演奏音樂的樂手相比；或者，我們可以把他比喻為一架鋼琴。鋼琴本身就是一個小型樂隊。同樣，這樣一個人就是一個微型世界。其他人需要得到相互補充，但這種人的單個的頭腦意識本身就已經是一個統一體。就像鋼琴一樣，他並不是一個交響樂隊中的一分子，他更適合獨自一人演奏。如果他真的需要跟別人合作演奏，那他就只能作為得到別的樂器伴奏的主音，就像樂隊中的鋼琴一樣。或者，他就像鋼琴那樣定下聲樂的調子。

那些喜愛社會交往的人盡可以從我的這一比喻裡面得出一條規律：交往人群所欠缺的東西只能在某種程度上透過人群的數量得到彌補。有一個有思想頭腦的同伴就足夠了，但如果除了平庸之輩就再難尋覓他人，那麼，把這些人湊足一定的數量倒不失為一個好的辦法，因為透過這些人的各自差異和相互補充——沿用獸角樂器的比喻——我們還是會有所收穫的。但願上天賜予我們耐心吧！同樣，由於人們內心的貧乏和空虛，當那些更加優秀的人們為了某些高貴的理想目標而組成一個團體時，最後幾乎無一例外都遭遇這樣的結果：在那龐大的人群當中——他們就像覆蓋一切、無孔不鑽的細菌，隨時準備著抓住任何能夠驅趕無聊的機會——總有那麼一些人混進或者強行闖進這一團體。用不了多長時間，這個團體要麼遭到了破壞，要麼就被篡改了本來面目，與組成這一團體的初衷背道而馳。

除此之外，人的群居生活可被視為人與人相互之間的精神取暖，這類似於人們在寒冷的天氣擁擠在一起以身體取暖。不過，自身具有非凡的思想熱力的人是不需要與別人擁擠在一塊的。在《附錄和補遺》的第二卷最後一章裡，讀者會讀到我寫的一則表達這層意思的寓言。一個人對社會交往的熱衷程度大致上與他的精神思想的價值成反比。這一句話，「他不喜好與人交往」，就幾乎等於說「他是一個具有偉大特質的人」了。

孤獨為一個精神稟賦優異的人帶來雙重的好處：第一，他可以與自己為伴；第二，他用不著和別人在一起。第二點彌足珍貴，尤其我們還記得社會交往所意味著的束縛、煩擾甚至危險，拉布葉說過：「我們承受所有不幸皆因我們無法獨處。」熱衷於與人交往其實是一種相當危險的傾向，因為我們與之打交道的大部分人道德欠缺、智力呆滯或者反常。不喜交際其實就是不稀罕這些人。一個人如果自身具備足夠的內涵，以致根本沒有與別人交往的需要，那確實是一大幸事；因為幾乎所有的痛苦都來自與人交往，我們平靜的心境——它對我們的幸福的重要性僅次於健康——會隨時因為與人交往而受到破壞。

沒有足夠的獨處生活，我們也就不可能獲得平靜的心境。犬儒學派哲學家放棄所擁有的財產、物品，其目的就是為了能夠享受心境平和所帶來的喜悅。誰要是為了同樣的目的而放棄與人交往，那他也就做出了一個最明智的選擇。柏那登・德・聖彼埃的話一語中的，並且說得很美妙：「節制與人交往會使我們心靈平靜。」因此，誰要是在早年就能適應獨處，並且喜歡獨處，那他就獲得了一個金礦。當然，不是每一個人都能夠這樣做。正如人們從一開始就受到匱乏的驅趕而聚集在一起，一旦解決了匱乏，無聊同樣會把人們驅趕到一塊。如果沒有受到匱乏和無聊的驅趕，人們或許就會孤身獨處，雖然其中的原因只是每個人都自認為很重要，甚至認為自己是獨一無二的，而獨自生活恰好適合如此評價自己的人。因為生活在擁擠、煩雜的世人當中，就會變得步履艱難，左右掣肘，心目中自己的重要性和獨特性就會被大打折扣。在這種意義上說，獨處甚至是一種自然的、適合每一個人的生活狀態：它使每一個人都像亞當那樣重新享受原初的、與自己本性相符的幸福快樂。

當然，亞當並沒有父親和母親！所以，從另一種意義上說，獨處對於人又是不自然的，起碼，當人來到這一世界時，他發現自己並不是孑然一身。他有父母、兄弟、姐妹，因此，他是群體當中的一員。據此，對獨處的熱愛並不是一種原初的傾向，而是在經歷經驗和考慮以後的產物。並且對獨處的喜愛隨著我們精神能力的進展和與此同時歲數的增加而形成。所以，一般而言，一個人對社會交往的渴望程度與他的年齡大小成反比。

年幼的小孩獨自待上一會就會驚恐和痛苦地哭喊。要一個男孩單獨一人則是對他的嚴厲懲罰。青年人很容易就會湊在一塊，只有那些氣質高貴的青年人才會有時候試圖孤獨一人，但如果單獨待上一天的時間，則仍然是困難的。但成年人卻可以輕而易舉做到這一點，他們已經可以獨處比較長的時間了；並且年紀越大，他就越能夠獨處。最後到達古稀之年的老者，對生活中的快感娛樂要麼不再需要，要麼已經完全淡漠，同輩的人都已一一逝去，對於這種老者來說，獨處正好適合他們的需要。但就個人而言，孤獨、離群的傾向總是與一個人的精神價值直接相關。這種傾向正如我已經說過的，並不純粹自然和直接地出自我們的需要，它只是我們的生活經驗和對此經驗進行思考以後的結果，它是我們對絕大多數人在道德和思想方面的悲慘、可憐的本質有所認知以後的產物。我們所能碰到的最糟糕的情形莫過於發現在人們的身上，道德上的缺陷和智力方面的不足共同聯手作祟，那，各種令人極度不快的情形都會發生。我們與大部分人進行交往時都感到不愉快，甚至無法容忍，原因就在這裡。雖然在這世界上不乏許許多多的糟糕東西，但最糟糕的莫過於聚會人群。甚至那個交際廣泛的法國人伏爾泰也不得不承認：「在這世上，不值得我們與之交談的人比比皆是。」個性溫和的彼特拉克對孤獨有著強烈的、永恆不變的愛。他也為自己的這種偏好說出了同樣的理由：

我一直在尋求孤獨的生活河流、田野和森林可以告訴你們，我在逃避那些渺小、渾噩的靈魂，我不可以透過他們找到那條光明之路。

彼特拉克在他優美的《論孤獨的生活》裡面，詳細論述了獨處的問題。他的書似乎就是辛瑪曼的那本著名的《論孤獨》的摹本。尚福以一貫嘲諷的口吻談論了導致不喜與人交往的這一間接和次要的原因。他說：有時候，人們在談論一個獨處的人時，會說這個人不喜歡與人交往，這樣的說法就猶如當一個人不願意深夜在森林行走，我們就說這個人不喜歡散步一樣。甚至溫柔的基督教徒安吉奴斯也以他獨特、神祕的語言表達了一模一樣的意思：

希律王是敵人，上帝在約瑟夫的睡夢中讓他知曉危險的存在。

伯利恆是俗界，埃及則是孤獨之處。

我的靈魂逃離吧！否則痛苦和死亡就等待著你。

同樣，布魯諾也表示了這一意見：「在這世上，那些想過神聖生活的人，都異口同聲地說過：噢，那我就要到遠方去，到野外居住。」波斯詩人薩迪說：「從此以後，我們告別了人群，選擇了獨處之路，因為安全屬於獨處的人。」他描述自己說：「我厭惡我的那些大馬士革的朋友，我在耶路撒冷附近的沙漠隱居，尋求與動物為伴。」一句話，所有普羅米修斯用更好的泥土塑造出來的人都表達了相同的見解。這類優異、突出的人與其他人之間的共通之處只存在於人性中最醜陋、最低級，亦即最庸俗、最渺小的成分；後一類人拉幫結夥組成了群體，他們由於自己沒有能力登攀到前者的高度，所以也就別無選擇，只能把優秀的人們拉到自己的水平。這是他們最渴望做的事情。

試問，與這些人的交往又能得到什麼喜悅和樂趣呢？因此，尊貴的氣質情感才能孕育出對孤獨的喜愛。無賴都是喜歡交際的；他們的確可憐。相比之下，一個人的高貴本性正好反映在這個人無法從與他人的交往中得到樂趣，他寧願孤獨一人，而無意與他人為伴。然後，隨著歲月的增加，他會得出這樣的見解：在這世上，除了極稀少的例外，我們其實只有兩種選擇：要麼是孤獨，要麼就是庸俗。這話說出來雖然讓人不舒服，但安吉奴斯——儘管他有著基督徒的愛意和溫柔——還是不得不這樣說：

孤獨是困苦的，但可不要變得庸俗；因為這樣，你就會發現到處都是一片沙漠。

對於具有偉大心靈的人來說——他們都是人類的真正導師——不喜歡與他人頻繁交往是一件很自然的事情，這和校長、教育家不願意與吵鬧、喊叫的孩子們一齊遊戲、玩耍是同一樣的道理。這些人來到這個世上的任務就是引導人類跨越謬誤的海洋，從而進入真理的福地。他們把人類從粗野和庸俗的黑暗深淵中拉上來，把他們提升至文明和教化的光明之中。

當然，他們必須生活在世俗男女當中，但卻又不曾真正地屬於這些俗人。從早年起他們就已經感覺到自己明顯與他人有別，但只是隨著時間的流逝才逐漸清晰地意識到自己的處境。他們與大眾本來就有精神上的分離，現在他們刻意再輔之以身體上的分離，任何人都不可以靠近他們，除非這些人並不屬於泛泛的平庸之輩。

由此可知，對孤獨的喜愛並不是一個原初的欲望，它不是直接形成的，而是以間接的方式主要是在具有高貴精神思想的人們那裡逐漸形成。在這個過程中我們免不了要降服那天然的、希望與人發生接觸的願望，還要不時地抗拒魔鬼靡菲斯特的悄聲的建議：

停止撫慰你那苦痛吧，它像一隻惡鷹吞噬著你的胸口！

最糟糕的人群都會讓你感覺到你只是人類中的一員而已。

——《浮士德》

孤獨是精神卓越之士的注定命運：對這一命運他們有時會唏噓不已，但是他們總是兩害相權取其輕地選擇了孤獨。隨著年歲的增長，在這方面做到「讓自己遵循埋性」變得越來越容易和自然。當一個人到了 60 歲的年齡，他對孤獨的渴望就已經真正地合乎自然，甚至成為某種本能了。因為到了這個年紀，一切因素都結合在一起，幫助形成了對孤獨的渴望，對社交的強烈喜好，亦即對女人的喜愛和性的慾望，已經冷淡下來了。

事實上，老年期無性慾的狀態為一個人達致某種的自足無求打下了基礎；而自足無求會逐漸吸掉人對於社會交往的渴望。我們放棄了花樣繁多的幻象和愚蠢行為；活躍、忙碌的生活到了此時也大都結束了。這時，再沒有什麼可期待的了，也不再有什麼計劃和打算。我們一代人也所剩無幾了。周圍的人群屬於新的、陌生的一代，我們成了一種客觀的、真正孤零零的存在。時間的流逝越來越迅速，我們更願意把此刻的時間投放在精神思想方面。因為如果我們的頭腦仍然保持精力，那麼，我們所累積的豐富知識和經驗，逐步經過完善了的思想見解，以及我們所掌握的運用自身能力的高超技巧都使我們對事物的研究比起以往更加容易和有趣。無數以前還是雲山霧罩的東西，現在都被我們看得清晰明白；事情有了個水落石出的結果，我們感覺擁有了某種徹底的優勢。

豐富的閱歷使我們停止對他人抱有太高的期待，因為，總體說來，他人並不都是些經我們加深了解以後就會取得我們的好感和讚許的人。相反，我們知道，除了一些很稀有和幸運的例子以外，我們碰到的除了是人性缺陷的標本以外，不會是別的東西。對於這些人我們最好敬而遠之。因此，我們不再受到生活中慣常幻象的迷惑。我們從一個人的外在就可以判斷其為人；我們不會渴望跟這種人做更深入的接觸。最後，與人分離、與自己為伴的習慣成為我們的第二天性，尤其當孤獨從青年時代起就已經是我們的朋友。因此，對於獨處的熱愛變成了最簡單和自然不過的事情。但在此之前，它卻必須先和社交的衝動做一番角力。在孤獨的生活中，我們如魚得水。所以任何出色的個人 —— 正因為他是出色的人，他就只能是鶴立雞群、形單影隻 —— 在年輕時都受到這必然的孤獨所帶來的壓抑，但到了老年，他可以放鬆地長舒一口氣了。

當然，每一個人享受老年好處的程度，由這個人的思想所決定。因此，雖然每個人都在某種程度上享受到老年的好處，但只有精神卓越的人才能最大程度地享受老年的時光。只有那些智力低劣和太過平庸的人才會到了老年仍然像在青年時期那樣對世俗人群樂此不疲。對於那個不再適合他們的群體來說，他們既囉唆又煩悶；他們頂多只能做到使別人容忍他們。但這以前，他們可是受到人們歡迎的人。

我們的年齡和我們對社交的熱衷程度成反比 —— 在這裡，我們還可以發現哲學上的目的論發揮了作用。一個人越年輕，他就越需要在各個方面學習。這樣，大自然就為年輕人提供了互相學習的機會。人們在與自己相仿的人交往時，也就是互相學習了。在這方面，人類社會可被稱為一個龐大的貝爾·蘭卡斯特模式的教育機構。一般的學校和書本教育是人為的，因為這些東西遠離大自然的計劃。所以，一個人越年輕，他就對進入大自然的學校越感興趣——這合乎大自然的目的。

正如賀拉斯所說的，「在這世上根本就沒有什麼完美無瑕」。印度的一句諺語說：「沒有不帶莖柄的蓮花。」所以，獨處雖然有著諸多好處，但也有小小的不便和麻煩。不過，這些不便和麻煩與跟眾人在一起時的壞處相比卻是微不足道的。因此一個真正有內在價值的人肯定會發現孤身的生活比起與他人在一起更加輕鬆容易。但是在孤獨生活的諸多不便當中，一個不好之處卻並不容易引起我們的注意：正如持續待在室內會使我們的身體對外界的影響變得相當敏感，一小陣冷風就會引致身體生病；同樣，長期離群索居的生活會使我們的情緒變得異常敏感，一些不值一提的小事、話語，甚至別人的表情、眼神，都會使我們內心不安、受傷和痛苦。相比之下，一個在熙攘、繁忙當中生活的人卻完全不會注意到這些雞毛蒜皮的事情。

如果一個人出於對別人的有理由的厭惡，迫於畏懼而選擇了孤獨的生活，那麼，對於孤獨生活的晦暗一面他是無法長時間忍受的，尤其正當年輕的時候。我給予這種人的建議就是養成這樣的習慣：把部分的孤獨帶進社會人群中去，學會在人群中保持一定程度上的孤獨。這樣他就要學會不要把自己隨時隨地的想法馬上告訴別人；另外，對別人所說的話千萬不要太過當真。他不能對別人有太多的期待，無論在道德上還是在思想上。對於別人的看法，他應鍛鍊出一副淡漠、無動於衷的態度，因為這是培養值得稱道的寬容的一個最切實可行的手段。

雖然生活在眾人之中，但他不可以完全成為眾人的一分子；他與眾人應該保持一種客觀的連繫。這樣會使他避免與社會人群有太過緊密的連繫，這也就保護自己免遭別人的中傷和侮辱。關於這種與人交往的節制方式，我們在莫拉丹所寫的喜劇《咖啡廳或新喜劇》中找到那值得一讀的戲劇描寫，尤其在劇中第一幕的第二景中對佩德羅的性格的描繪。從這種意義上說，我們可以把社會人群比喻為一堆火，明智的人在取暖的時候懂得與火保持一段距離，而不會像傻瓜那樣太過靠近火堆；後者在灼傷自己以後，就一頭紮進寒冷的孤獨之中，大聲地抱怨那灼人的火苗。

附錄
我的生命在烏雲下黯淡

唱詩班穿過街巷

唱詩班穿過街巷
我們來到你家門前
我的憂傷會化作憂傷
假若你從窗口遙望
唱詩班在街上歌唱
雙腳站在水中立在雪上
穿著一件薄薄的外套
我望著你的窗口
陽光被雲彩遮住
而你柔和的目光
在這寒冷的清晨包圍我
聖潔的溫暖
你的窗戶被窗簾擋住
你靠在絲墊上夢見
未來愛情的幸福
你知道命運的把戲嗎？
唱詩班穿過街巷
我駐足的目光只是徒勞
窗簾擋住了目光
我的生命在烏雲下黯淡

羅素對叔本華的評價

叔本華（Schopenhauer，1788-1860）在哲學家當中有許多地方與眾不同，幾乎所有其他的哲學家從某種意義上講都是樂觀主義者，而他卻是個悲觀主義者。他不像康德和黑格爾那樣是十足學院界的人，然而也不完全處在學院傳統以外。

他厭惡基督教，喜歡印度的宗教，印度教和佛教他都愛好。他是一個有廣泛修養的人，對藝術和倫理學同樣有興趣。他異乎尋常地沒有國際主義精神，他熟悉英國、法國的作家就如同熟悉本國的作家一樣。他的感召力向來總是少在專門哲學家方面，而是在自己信得過的哲學的藝術家與文人方面。

叔本華生於但澤，父母都出自當地的商業望族。他的父親是個伏爾泰主義者，把英國看成自由和理智的國土。他和但澤大部分市民一樣，惱恨普魯士侵犯這個自由城市的獨立，1793 年但澤歸併普魯士時，他感到十分憤慨，不惜在金錢上受相當大的損失遷到了漢堡去。叔本華從 1793-1797 年同父親住在漢堡，然後在巴黎過了兩年，兩年終了他父親見這孩子幾乎把德語忘掉，感到高興。1803年他被送進英國一所寄宿學校，他憎恨學校裡的裝腔作勢和偽君子作風。

兩年後，為討好父親，他當了漢堡一家商號的職員，但是他嫌惡商業生涯這種前程，憧憬文人學者的生活。他父親之死使他有可能如願以償，他的母親是決意叫他棄商進學校和大學的。我們或許以為他因此會比較喜歡母親，不喜歡父親，但是事情恰好相反：他厭惡母親，對他的父親倒保持著親摯的回憶。

叔本華的母親是一個有文學志趣的女子，她在耶拿戰役之前兩個星期定居威瑪。在威瑪她主辦了一個文藝沙龍，自己寫書，跟文化人結交友誼。她對兒子沒有什麼慈愛，對他的毛病倒是眼力銳利。她訓誡他不得誇誇其談和有空洞的傷感，他則為了她跟旁人耍弄風情而生氣。當他達到成年時，他繼承了一份相當的資產，此後他和母親逐漸覺得彼此越來越不能容忍了。他對婦女的輕視，當然至少有一部分是他和母親的爭吵造成的。

叔本華在漢堡的時候已經受到了浪漫主義者們，特別是提克、諾瓦利斯及霍夫曼的影響，他跟這些人學會了讚賞希臘、認為基督教裡的希伯來成分不好。另外一個浪漫主義者弗利德里希·施雷格爾使他對印度哲學的景仰更加堅定。

他在成年的那年（1809）入哥廷根大學，學會仰慕康德。兩年之後他進了柏林大學，在柏林大學他主要學習科學；他聽過費希特講課，可是瞧不起他。在整個激盪人心的解放戰爭中，他一直漠然無動於衷。1819 年他做了柏林大學的 Privatdozent（無俸講師），竟把自己的講課和黑格爾的放在同一個鐘點，他既然沒能將黑格爾的聽講生吸引去，不久就停止講課。最後他在德累斯頓安心過老獨身漢生活。他飼養著一隻取名 Atma（宇宙精神）的鬈毛狗，每天散步兩小時，用長煙鬥吸菸，閱讀倫敦《*TIMES*》，僱用通訊員搜求他的名聲的證據。他是有反民主思想的人，憎惡 1848 年的革命；他信降神術和魔法。

在他的書齋裡，有一個康德的半身雕像和一尊銅佛。除關於起早這一點而外，他在生活方式上盡力模仿康德。

他的主要著作《作為意志與表象的世界》是 1818 年年終發表的。他認為這部書非常重要，竟至於說其中有些段落是聖靈口授給他的。使他萬分屈辱的是，這書完全沒引起人的注意。1844 年他促使出版社出了第二版，但是直到若干年後他才開始得到幾分他所渴望的賞識。

假若我們可以根據叔本華的生活來判斷，可知他的論調也不是真誠的。他素常在上等菜館裡吃得很好，他有過多次瑣屑的戀愛事件，他特別愛爭吵，而且異常貪婪。有一回一個上了年紀的女裁縫在他的房間門外邊對朋友講話，惹得他動火，把她扔下樓去，給她造成終身傷殘。她贏得了法院判決，判決勒令叔本華在她生存期間必須每季付給她一定的錢數（十五塔拉）。二十年後她終於死了，當時他在帳本上記下：「Obitanus，abitonus。」

除對動物的仁慈外，在他一生中很難找到任何美德的痕跡，而他對動物的仁慈已經做到反對為科學而做活體解剖的程度。在其他各方面，他完全是自私的。很難相信一個深信禁慾主義和知命忍從是美德的人，會從來也不曾打算在實踐中體現自己的信念。

從歷史上講，關於叔本華有兩件事情是重要的，即他的悲觀論和他的意志高於知識之說。有了他的悲觀論，人們就不必要相信一切惡都可以解釋開也能致力於哲學，這樣他的悲觀論當作一種解毒劑是有用的。從科學觀點看來，樂觀論和悲觀論同樣都是要不得的：樂觀論假定，或者打算證明，宇宙存在是為了讓我們高興，悲觀論說是為了惹我們不高興。

從科學上講，認為宇宙跟我們有前一種關係或後一種關係都沒有證據。信仰悲觀論或信仰樂觀論，不是理性的問題而是氣質的問題，不過在西方哲學家當中樂觀氣質一向就普遍得多。所以有個相反一派的代表人物提出一些本來會被人忽略的問題，可能是有益處的。

比悲觀論更為重要的是意志第一的學說。顯然這個學說同悲觀論並沒有必然的邏輯連繫，叔本華以後主張此說的人經常從其中得到樂觀論的基礎。有許多現代的哲學家，值得注意的是尼采、柏格森、詹姆士和杜威，向來以這種或那種形式主張過意志至上說。而且這學說在專門哲學家的圈子以外也風行開了。於是隨著意志的地位上升多少等，知識的地位就下降了若干級。我認為，這是在我們這時代哲學氣質所起的最顯著的變化。這種變化由盧梭和康德做下了準備，不過是叔本華首先以純粹的形式宣布的。因為這個緣故，他的哲學儘管前後矛盾而且有某種淺薄處，作為歷史發展中的一個階段來看還是相當重要的。

李銀河對叔本華的評價

1

近讀叔本華人生哲學，這個人的哲學我一向珍愛，這次讀仍覺特別解渴，他的一字一句都像甘霖，滴進乾涸的心田。

他把人的命運概括為三類：人是什麼？人有些什麼？如何面對他人對自己的評價？他的看法是，第一類問題遠比第二、三類重要：「一種平靜歡愉的氣質，快快樂樂地享受非常健全的體格，理智清明，生命活潑，洞徹事理，意志溫和，心地善良，這些都不是身分與財富所能促成或代替的。因為人最重要的在於他自己是什麼。當我們獨處的時候，也還是自己伴隨自己，上面這些美好的性質既沒有人能給你，也沒有人能拿走，這些性質比我們所能占有的任何其他事物重要，甚至比別人看我們如何來得重要。」

過去就讀過他的鐘擺理論：人生就是在痛苦和無聊這二者之間像鐘擺一樣擺來擺去：當你需要為生存而勞作

時，你是痛苦的；當你的基本需求滿足之後，你會感到無聊。當時覺得這個說法非常深刻，又讓人絕望 —— 我已經經過痛苦的階段，到達了無聊的一端。難道人生只能如此了？

這次閱讀有了新發現！這就是他所說的「睿智的生活」。所謂睿智的生活，是一種豐富愉悅的精神生活，「從大自然、藝術和文學的千變萬化的審美中，得到無窮盡的快樂，這些快樂是其他人不能領略的」。

過「睿智的生活」，擺脫痛苦和無聊，這是叔本華為我指出的路。

2

叔本華的鐘擺理論乍一聽覺得刺耳，往深裡一想令人十分絕望。他斷言：人在各種欲望（生存、名利）不得滿足時處於痛苦的一端，得到滿足時便處於無聊的一端。人的一生就像鐘擺一樣在這兩端之間擺動。

難道我們就不能超越叔本華鐘擺嗎？他只給少數人指了一條路：

—— 如果我們能夠完全擺脫它們，而立於漠不關心的旁觀地位，這就是通常所稱「人生最美好的部分」、「最純粹的歡悅」，如純粹意識、美的享受、對於藝術真正的喜悅等皆屬之。

——某些人帶著幾分憂鬱氣質，經常懷著一個大的痛苦，但對其他小苦惱、小欣喜則可生出蔑視之心。這種人比之那些不斷追求幻影的普通人，要高尚得多了。

能夠超越叔本華鐘擺的只是極少數有天賦、有藝術氣質的幸運。他們超越了世俗生活中的小苦惱（比如沒錢啊，沒升官啊等等）、小欣喜（比如有了錢啊，升官啊等等），從純粹認知（科學的事業）當中得到快樂，從美的享受（藝術的創造與欣賞）當中得到快樂。

有時，我能從寫作一篇小文章中獲得純粹認知的快樂，從讀一本小說中獲得真正的喜悅。我希望能夠因此擺脫叔本華鐘擺，在有生之年活得快樂、充實。

要想擺脫叔本華鐘擺，除了純粹認知和美的享受，還要「經常懷著一個大的痛苦」，那就是面對生命的殘酷——它是那麼無可救藥的短暫，就像朝生夕死的蜉蝣，短短的幾十年過後就消失得無影無蹤。

（摘自《李銀河：我的生命哲學》）

叔本華生平及大事記

1788 年

2 月 22 日　阿瑟．叔本華生在但澤（今波蘭格但斯克）一個大商人家裡，父親叫海因里希．弗洛裡斯．叔本華，母親叫約翰娜．亨利埃特，娘家姓特羅西納。

3 月 3 日　受洗禮於聖瑪利亞教堂。

阿瑟和他母親一起遷居奧裡瓦莊園，他在那度過了童年。

康德：《實踐理性批判》。

1789 年

阿瑟的外祖父克里斯蒂安．海因里希．特羅西納租進斯圖特莊園。

3 月 4 日　美國憲法公布。

5 月 5 日　法國在凡爾賽召開三級會議，這是自 1614 年來舉行的第一次三級會議。

6 月 17 日	法國第三等級組成國民議會（1789-1791 年的制憲議會）。
6 月 20 日	國王封閉國民議會會場，代表們在網球場集會，宣誓「非俟憲法製成，議會絕不解散」。史稱「網球場宣誓」。
7 月 14 日	攻占巴士底獄。

1790 年

2 月 20 日	奧地利皇帝約瑟夫二世去世，利奧波特二世繼位。

1791 年

1 月 15 日	奧地利詩人弗朗茨·格里爾帕爾澤誕生。
4 月 2 日	法國第三等級代表米拉波伯爵去世。
6 月 20-25 日	法國國王陰謀逃跑，但在發棱被發現，押回巴黎。
8 月 27 日	庇爾尼茨宣言。普魯士國王弗里德里希·威廉二世和奧地利皇帝利奧波特二世決定支持法國君主專制。
12 月 5 日	莫札特誕生。

1792～1797 年

第一次聯盟戰爭。

1792 年

3 月 1 日　　利奧波特二世去世。其子弗朗茨一世成為羅馬 - 德意志帝國皇帝。

8 月 10 日　　法國「無套褲漢」革命群眾攻進巴黎士伊勒里宮。

9 月 20 日　　法國革命軍在瓦爾密力挫普魯士軍，普軍撤退。法軍占領中萊茵區。攻進比利時。

1793 年

1 月 21 日　　法國國王路易十六被處決。普魯士、奧地利、英國、荷蘭、西班牙、葡萄牙、撒丁和那不勒斯組成第一次反法聯盟。

波蘭被第二次瓜分。但澤、波森（即波茨南）等被劃歸普魯士。國王弗里德里希·威廉二世決定封鎖但澤。

在但澤被占領前不久，叔本華一家離開了該市，遷住漢堡，住舊城新街 76 號。

6 月　　　　漢堡開辦了第一個德國公共浴室——「浮船浴場」。

7 月 13 日　　讓・保爾・馬拉被殺。

9 月　　　　法國恐怖統治。

10 月 16 日　法國王后被處死。

12 月 23 日　阿瑟的祖父安德烈亞斯・叔本華去世。

歌德：《萊納克狐》。

1794 年

3-4 月　　　阿瑟的叔叔約翰・弗里德里希・叔本華在但澤去世。

4 月 5 日　　丹敦和德穆蘭被處死。

7 月 28 日　聖・鞠斯特和羅伯斯庇爾被送上斷頭臺。

1795 ～ 1799 年

法國督政府統治。

1795 年

4 月 5 日　　法國和普魯士簽訂《巴塞爾和約》。波蘭被第三次瓜分。

12 月 21 日　德國歷史學家利奧波特・馮・朗克誕生。

1796 年

叔本學家搬到漢堡新萬德拉姆街 92 號。拿破崙進軍義大利。

11 月 17 日　俄國女沙皇卡塔琳娜去世。保爾一世繼位。

歌德：《赫爾曼與多羅特婭》。

1797 年

阿瑟的外祖父克里斯蒂安．H. 特羅西納去世。

1 月 10 日　德國女詩人安內特．馮．德羅斯特 - 許爾霍夫誕生。

1 月 31 日　法朗茨．舒伯特誕生。

6 月 12 日　叔本華的妹妹路易絲．阿德萊特．拉維尼亞（阿德勒）誕生。

7 月　阿瑟和父親一起去巴黎和勒阿弗爾。他在那在格雷戈勒．德布雷西曼家住了二年，和德布雷西曼的兒子安提姆交上了朋友。學習法語和法國文學。

9 月 4 日　拿破崙政變。

10 月 4 日　瑞士現實主義作家耶雷米亞斯．戈特黑爾夫誕生。

10 月 17 日　　法國和奧地利簽訂《坎波 - 佛米奧和約》。
12 月 13 日　　海因利希．海涅誕生。

1798 ～ 1799 年

拿破崙出征埃及。

1798 年

1 月 19 日　　法國哲學家奧古斯特．科姆特誕生。
2 月 13 日　　浪漫派作家威廉．海因里希．瓦肯羅特去世。
2 月　　波拿巴計劃在勒阿弗爾造船廠製造大砲和艦船。

1799 ～ 1802 年

第二次反法聯盟戰爭。

1799 年

馬蒂亞斯．克勞迪烏斯匿名發表《致我的兒子 H.》。
春季　　阿瑟．叔本華的朋友戈德弗里特．雅尼施死於漢堡。
5 月 20 日　　巴爾札克誕生。

8 月	叔本華因法國的政治形勢經海路回到漢堡。進龍格博士辦的私立學校學習，直至 1813 年。和商人的兒子沙里士・戈特弗勞伊、酒商的兒子格奧爾格・克里斯蒂安・洛倫茨・邁爾交上朋友。
11 月 9 日	拿破崙政變。

1800 年

叔本華家去布拉格和卡爾斯巴德旅行。在威瑪會見席勒，在柏林會見伊夫蘭德。

10 月 17 日	返回漢堡。

1801 年

2 月 9 日	法國和奧地利簽訂《呂內維爾和約》。 丹麥對漢堡的占領結束。 約翰・海因里希・威廉・蒂施拜因遷往漢堡。
3 月 22 日	克洛普施托克在漢堡誕生。
3 月 23 日	沙皇保爾一世被刺。亞歷山大繼位。
3 月 25 日	浪漫派詩人諾瓦利斯去世。

12 月 11 日　　德國戲劇家克里斯蒂安・迪特里希・格拉貝在德特莫爾特誕生。

1802 年

叔本華閱讀讓・巴底斯特・羅範・德・高烏雷的《福布拉騎士的愛情冒險》。

2 月 26 日　　維克多・雨果誕生。

3 月 26-27 日　法國和英國簽訂《阿眠和約》。

7 月 24 日　　大仲馬誕生。

8 月　　拿破崙規定自己終身任第一執政。

8 月 13 日　　奧地利詩人尼古拉斯・雷瑙誕生。

1803 年

2 月 25 日　　雷根斯堡《全帝國專使會總決議》。

3 月 14 日　　德國詩人弗里德里希・戈特利布・克洛普斯托克去世。叔本華根據父親的意願決定不上文科學校學習，決定將來不當學者。他開始了一次長達數年的旅行，周遊了荷蘭、英國、法國和奧地利，並開始學習經商。

5 月 3 日　　踏上旅途。

5 月 18 日　英國對法宣戰。

5 月 26 日　法國進軍漢諾威。

6 月 30 日　叔本華在溫布爾登的住宿學校學英語，直到 9 月 20 日　。

9 月 28 日　梅里美誕生。

12 月 18 日　約翰・戈特弗里德・馮・赫爾德去世。

1804 年

2 月 12 日　伊曼努爾・康德去世。

6 月 19 日　叔本華家在奧地利布勞瑙。

8 月 25 日　結束在國外的旅行。

9 月　叔本華在但澤住了三個月。在巨商雅各布・卡布隆處學習，卡布隆後來創辦了商業學院。

9 月 8 日　德國詩人愛德華・默里克誕生。

12 月 23 日　法國文學批評家、作家聖佩韋誕生。

1805 年

第三次反法聯盟戰爭。

年初　叔本華在漢堡大商人馬丁・約翰・耶尼施那學習。他還聽龍格博士的神學講演。

4 月 20 日	叔本華的父親自殺。
5 月 9 日	席勒去世。
8 月	約翰娜・叔本華將新萬德拉姆街的房子出賣。全家遷往科爾霍夫街 87 號。
10 月 21 日	奈爾遜在特拉發加海角戰勝法國和西班牙的聯合艦隊。
10 月 23 日	奧地利詩人阿達貝特・施蒂夫塔誕生。
12 月 2 日	奧斯特利茲戰役。拿破崙獲勝。
12 月 15 日	《申布龍條約》。
12 月 26 日	《普勒斯堡和約》。奧地利割讓屬地，承認拿破崙為義大利國王。

1806 年

第四次反法聯盟戰爭。

5 月	約翰娜・叔本華在威瑪。 阿瑟青年時代的朋友安迪墨來漢堡學習經商。
7 月 12 日	在法國領導下的萊茵同盟成立。
8 月	羅馬 - 德意志帝國皇帝弗朗茨二世遜位。

9 月 21 日	阿德勒和約翰娜．叔本華最終遷居威瑪。約翰娜．叔本華和歌德交好。
10 月 14 日	耶拿和奧爾斯塔特之戰。法軍獲勝。

費希特：《論天國的生活》。

1807 年

5 月底	叔本華離漢堡經威瑪去戈塔。和卡爾．路德維希．費爾瑙交上朋友。
6 月	開始在戈塔文科中學跟弗里德里希．雅各布兄弟學習。叔本華住在卡爾．戈特霍德．棱茨教授家裡。
7 月 7-9 日	法、俄、普提爾西特和談。威斯特法倫王國和華沙大公國建立。
12 月	一首嘲笑克里斯蒂安．費迪南德．舒爾策的諷刺詩使叔本華極為不滿。他離開文科中學，遷居威瑪。和作家約翰內斯．丹尼爾．法爾克、劇作家扎哈里亞斯．維爾納相識。

費希特：《告德意志公民書》。

1808～1814年

拿破崙對西班牙和葡萄牙的戰爭。

1808年

9月	叔本華和丹尼爾・法爾克親見了沙皇亞歷山大和拿破崙在愛爾富特的會見。
12月4日	卡爾・路德維希・費爾瑙去世。 法國浪漫派詩人德・尼及爾誕生。 德國詩人海因里希・克萊斯特主辦的雜誌《菲比斯》（太陽神阿波羅的別名）出版。

1809年

2月3日	叔本華和卡羅琳・耶格曼同時在威瑪參加一次假面舞會。
2月22日	叔本華成年。
5月31日	約瑟夫・海頓去世。 奧地利反法戰爭。
5月	拿破崙在阿斯本戰敗。
7月5-6日	瓦格拉姆戰役。拿破崙打敗奧軍。
10月	《申布龍和約》。

10月7日　叔本華去哥廷根，並於10月9日開始在那學醫。和後來任普魯士駐梵蒂岡、駐倫敦大使克里斯蒂安・卡爾・約西亞斯・馮・邦森，以及威廉亞姆・巴克豪澤・阿斯泰爾結識。叔本華的哲學老師是弗里德里希・博特韋克和戈特洛布・恩斯特，舒爾策，在舒爾策的指導下，他研讀了柏拉圖和康德的著作。柏林大學開辦。

歌德：《親和力》。

1810年

3月1日　波蘭音樂家蕭邦誕生。

6月8日　德國音樂家羅伯特・舒曼誕生。

6月17日　德國詩人費迪南德・弗賴里格拉特誕生。

約翰娜・叔本華著的《C.L. 費瑙傳》出版。

1811年

復活節　叔本華和克里斯蒂安・邦森在威瑪。

9月　叔本華開始在柏林大學學習兩年，約翰・戈特里布・費希特在大學執教。叔本華研

	究費希特哲學。和動物學教授馬丁·海因里希·利希騰施泰因結下友誼。
10 月 22 日	匈牙利音樂家弗朗茨·李斯特誕生。
11 月 21 日	海因里希·馮·克萊斯特去世。

1812 年

3 月 28 日	法軍進駐柏林。
夏季學期	叔本華和德國哲學家、神學家弗里德里希·恩斯特·丹尼爾·施萊馬赫爾發生爭論。
6 月 24 日	法軍開始進軍俄國。
夏季	叔本華經威瑪和德累斯頓去坦普立茲旅行。
9 月 17 日	莫斯科大火。
10 月 17 日	阿達貝特·馮·沙米索（後來成為詩人和自然科學家）被柏林大學錄取。
10-11 月	拿破崙軍從俄國撤回。

1813-1814 年

德國解放戰爭。

1813 年

1 月 20 日	德國詩人克里斯多夫．馬丁．維蘭去世。
3 月 18 日	詩人弗里德里希．黑貝爾誕生。
5 月 2 日	呂策和格羅斯戈森戰役時，叔本華逃出柏林。
5 月 5 日	丹麥神學家和哲學家澤倫．齊克果誕生。
5 月 11 日	拿破崙在德累斯頓。
5 月 22 日	叔本華在德累斯頓。
5 月 22 日	德國音樂家裡夏德．瓦格納誕生。
6 月	叔本華在威瑪撰寫博士論文。
10 月 16-19 日	萊比錫大會戰，拿破崙失敗。
10 月 17 日	德國詩人、戲劇家格奧爾格．畢希納誕生。
10 月 31 日	萊茵同盟解體。
11 月 5 日	叔本華回到威瑪他母親家裡。
11 月底	歌德讚賞叔本華的成就。他們進行了長談，專門討論了歌德的顏色理論。

1814 年

1 月 19 日	約翰．戈特利希．費希特去世。
3 月 31 日	聯軍攻入巴黎。

4 月 6 日	拿破崙退位，被囚在地中海厄爾巴島。
4 月 10 日	路易十八即位，波旁王朝復辟。
4 月	叔本華和他母親的爭吵達到頂點。
4 月 30 日	《哥廷根學報》發表了對叔本華哲學著作的第一篇評論。
5 月	叔本華和他母親徹底決裂。叔本華離開威瑪，後在德累斯頓住了四年。和泛神論者卡爾・克里斯蒂安・弗里德利希・克勞澤，畫家路德維希・西吉斯蒙德・魯爾，作家赫爾曼・馮・皮克勒 - 穆斯卡烏、費迪南德・弗赫爾・馮・比登費爾特認識。
5 月 30 日	聯軍和法國簽訂《第一次巴黎條約》。
11 月	維也納會議開幕。

1815 年

撰寫《論視覺和顏色》（1816 年印刷）。

1 月 21 日	德國詩人馬蒂亞斯・克勞提烏斯去世。
3 月 1 日	拿破崙在法國登陸。「百日政變」開始。
4 月 1 日	奧托・馮・俾斯麥誕生。
6 月 8 日	維也納會議和「德意志同盟」組成。

6 月 18 日　　滑鐵盧之役。
6 月 22 日　　拿破崙第二次退位。
9 月 26 日　　「神聖同盟」建立。
11 月 20 日　　《第二次巴黎和約》。

1816 年

叔本華住在德累斯頓郊區的奧斯特拉大街。

1818 年

3 月　　完成《作為意志和表象的世界》的初稿。
5 月 5 日　　卡爾 · 馬克思誕生。
5 月 31 日　　德國詩人格奧爾格 · 赫爾韋格誕生。
8 月　　叔本華為他的主要著作《作為意志和表象的世界》撰寫前言。
　　亞琛會議。占領軍提前從法國撤出。
9 月 14 日　　德國作家特奧多爾 · 斯托姆誕生。
10 月 22 日　　德國教育家、作家約阿希姆 · 海因里希 · 卡姆佩去世。
秋季　　叔本華去義大利旅行。
10-11 月　　在威尼斯。
12 月　　在佛羅倫薩。

1819 年

年初	《作為意志和表象的世界》由 F.A. 勃洛克豪斯出版。
1-2 月	叔本華在羅馬。
2-4 月	叔本華去龐培等地旅行。
3 月 23 日	德國戲劇家奧古斯特·馮·柯采布埃被大學生 K.L. 贊特謀殺。 叔本華從羅馬經義大利北部（佛羅倫薩、威尼斯和維羅那）回到瑞士。
7 月 19 日	瑞士詩人戈特弗里德·克勒爾誕生。
8 月 25 日	叔本華重返德累斯頓。 但澤亞伯拉罕·路德維希·穆爾商號倒閉，叔本華家因而發生財政危機。10 月：維也納《文學年鑒》和威瑪《文學週刊》發表了第一批對《作為意志和表象的世界》的否定性評論。
12 月 30 日	德國詩人和戲劇評論家特奧多爾·馮塔納誕生。
12 月 31 日	叔本華申請在柏林大學當哲學講師。

1820 年

1 月 29 日　　英王喬治三世去世。其子喬治四世繼位。
　　叔本華和黑格爾發生爭執。叔本華第一個，也是唯一的一個講座《整個哲學就是關於世界的本質和人的精神的學說》失敗。

5 月 15 日　　維也納會議決議。德意志邦聯建立。

11 月 28 日　　弗里德里希·恩格斯誕生。
　　柏林新劇院開幕。
　　西班牙、葡萄牙革命爆發。

1821-1829 年

希臘獨立戰爭。

1821 年

韋伯的《魔彈射手》在柏林首演。

1 月　　神聖同盟萊巴赫會議。

4 月 7 日　　法國詩人卡勒斯·波德萊爾誕生。

5 月 5 日　　拿破崙死於聖海倫拿島。

12 月 12 日　　法國作家古斯塔夫·福樓拜誕生。
　　黑格爾發表《法哲學原理或自然法和國家學綱要》。

1822 年

1 月 6 日　德國考古學家海裡利希．謝里曼誕生。
5 月 27 日　叔本華經瑞士去米蘭和佛羅倫薩旅行。
6 月 26 日　德國詩人、音樂家 E.T.A. 霍夫曼去世。

1823 年

1 月 17 日　德國戲劇家扎哈里亞斯．維爾納去世。
5 月 3 日　叔本華在特裡恩特。後經慕尼黑返回。
7 月 5 日　約翰娜．叔本華剝奪叔本華的繼承權。
12 月 2 日　美國發表《門羅宣言》。不準歐洲國家干涉美洲事務。

1824 年

5 月 26 日 -6 月 19 日 叔本華在加施泰因浴場治病。
9 月　叔本華在德累斯頓。
9 月 4 日　奧地利作曲家安東．布魯克納誕生。
9 月 16 日　路易十八去世。查理十世繼位。

1825 年

4 月 11 日	費迪南德·拉薩爾誕生。
5 月 19 日	聖西門去世。
11 月 14 日	德國詩人讓·保爾去世。
12 月 1 日	沙皇亞歷山大一世去世，由其弟尼古拉繼位。

1826 年

2 月 14 日	德國作家約翰內斯·丹尼爾·法爾克誕生。
3 月 29 日	威廉·李卜克內西誕生。
夏季學期	叔本華最後嘗試舉行講座。

1827 年

2 月 17 日	瑞士教育學家約翰·海因里希·裴斯泰洛齊去世。
3 月 26 日	貝多芬去世。

1828 年

9 月 9 日	列夫·托爾斯泰誕生。
11 月 19 日	舒伯特去世。

1829 年

叔本華翻譯西班牙哲學家巴爾塔扎爾．格拉西恩的《處世預言》。出版商勃洛克豪斯拒絕出版。

1 月 12 日　德國浪漫派作家弗里德利希．馮．施萊格爾去世。

7 月 26 日　名畫《歌德在加姆班格》的作者約翰．海因里希．威廉．蒂施本去世。

歌德完成《威廉．邁斯特的漫遊年代》。

1830 ～ 1831 年

波蘭革命。

1830 年

6 月 25 日　英王喬治四世去世，其弟威廉四世繼位。

7 月 26 日　法國七月革命。查理十世退位，並逃往英國，路易．菲力普繼位，建立「七月王朝」。

1831 年

1 月 21 日　　德國浪漫派詩人阿興姆．馮．阿尼姆去世。
8 月 25 日　　叔本華因懼怕霍亂病而離開柏林。
9 月 8 日　　德國詩人威廉．拉貝誕生。
11 月 14 日　　格奧爾格．W.Fr. 黑格爾因霍亂死於柏林。
年底　　叔本華在法蘭克福。

1832 年

3 月 22 日　　約翰．沃爾夫岡．歌德去世。
5 月 27 日　　漢巴哈大會，號召為建立統一的德意志共和國而鬥爭。
從 7 月起，叔本華在曼海姆。
9 月 21 日　　蘇格蘭詩人瓦爾特．司各特爵士去世。

1833 年

5 月 7 日　　約翰內斯．勃拉姆斯誕生。
7 月 6 日　　叔本華定居在萊茵河畔法蘭克福，在那度過了他餘生的二十八年。

1834～1839 年

西班牙卡羅斯黨人戰爭。

1834 年

「德意志關稅同盟」建立。

2 月 12 日　德國哲學家和神學家弗里德里希・施萊馬赫爾去世。

1835 年

叔本華撰寫《自然界中的意志》。

3 月 2 日　奧地利皇帝弗朗茨一世去世，費迪南德一世繼位。

4 月 8 日　威廉・馮・洪堡去世。

1836 年

9 月 12 日　德國戲劇家克里斯蒂安・迪特里希・格拉貝去世。

1837 年

撰寫《致建立歌德紀念碑委員會》一文。

2 月 10 日	亞歷克賽・普希金在決鬥中喪生。
2 月 12 日	德國作家路德維希・別爾內去世。
2 月 16 日	德國戲劇家格奧爾格・畢希納去世。
4 月 3 日	德國神學家弗里德希・海因里希・克里斯蒂安・施瓦茨去世。
6 月 20 日	威廉四世去世。維多利亞女皇繼位。

1838 年

2 月	德國戲劇家格斯滕貝格誕生。
4 月 17 日	約翰娜・叔本華去世。
8 月 21 日	德國詩人和自然科學家阿德爾貝特・馮・沙米索去世。
12 月	費爾巴哈的《實證哲學的批判》出版。

1839 年

	叔本華撰寫徵文《論意志自由》。
3 月 21 日	俄國作曲家莫德斯特・莫索爾斯基誕生。

1840 年

叔本華撰寫徵文《論道德的基礎》。

1 月 7 日	奧地利國王弗里德利希·威廉三世去世，其子威廉四世繼位。
2 月 22 日	奧古斯特·倍倍爾誕生。
4 月 2 日	愛米爾·左拉誕生。
5 月 7 日	柴可夫斯基誕生。
8 月 25 日	德國詩人卡爾·伊默曼去世。

1841 年

博士尤利烏斯·弗勞恩施塔特成為阿瑟·叔本華的學生。

1842 年

阿德勒·叔本華看望她的哥哥。

3 月 18 日	法國詩人斯丹楓·馬拉美誕生。
3 月 23 日	法國作家司湯達（斯丹達爾）去世。
7 月 28 日	德國詩人克萊門斯·勃倫塔諾去世。

1843 年

3 月 1 日	叔本華遷往法蘭克福好希望街 17 號。
6 月 7 日	德國詩人弗里德利希·荷爾德林去世。
	弗里德里希·多爾古特發表《唯心主義的

錯誤根源》一書，叔本華的學說在這部著作中得到了承認。

1844 年

F.A. 勃洛克豪斯出版《作為意志和表象的世界》的第二版。

3 月 30 日　法國詩人保爾·魏爾倫誕生。

4 月 16 日　法朗士誕生。

10 月 15 日　尼采誕生。

西里西亞織工起義。

海涅：《德國，一個冬天的童話》。

1845 年

3 月 12 日　德國詩人、文藝理論家奧古斯特·馮·施萊格爾去世。

多爾古特：《叔本華及其真理》。

1847 年

叔本華的博士論文再版。

1848 年

2 月	卡爾．馬克思和弗里德里希．恩格斯發表《共產黨宣言》。
2 月 22-24 日	法國二月革命。法蘭西第二共和國成立。
3-5 月	柏林、維也納、慕尼黑起義。
5 月 18 日	全德國民議會在萊茵河畔法蘭克福保爾教堂開幕。
5 月 24 日	德國女詩人安內特．馮．德羅斯特．許爾霍夫去世。
6 月 23-26 日	巴黎工人六月起義。
12 月 2 日	奧皇費迪南德一世退位，弗朗茨．約瑟夫一世繼位。

1849 年

3 月 28 日	德意志帝國憲法在法蘭克福被透過。 普魯士弗里德希．威廉四世被選為德國皇帝。
4 月 28 日	威廉四世拒絕登位。
5 月	德累斯登和巴登起義。
8 月 25 日	阿德勒．叔本華去世。
10 月 17 日	蕭邦去世。

1850 年

1 月 31 日　　普魯士國王強令憲法生效。

3-4 月　　愛爾福特議會。

7 月 2 日　　普魯士和丹麥簽訂《柏林和約》。

8 月 5 日　　莫泊桑誕生。

8 月 18 日　　巴爾札克去世。

8 月 22 日　　奧地利詩人尼古拉斯・萊瑙去世。

11 月 30 日　　重建德意志聯盟。

普魯士和奧地利簽訂《奧爾謬茨條約》。

1851 年

11 月　　《附錄和補遺》在柏林由 A.W. 海因出版。此書獲得好評。

第一屆世界博覽會在倫敦舉行。

1852 年

3 月 4 日　　果戈里去世。

12 月 2 日　　路易・波拿巴即帝位，稱拿破崙三世。

1853 年

4 月 28 日　　德國浪漫派詩人路德維希・蒂克去世。

1854 年

《自然界中的意志》第二版出版。

8 月 20 日　　弗里德里希・馮・謝林去世。

10 月 20 日　　法國詩人讓・阿瑟・蘭波誕生。

10 月 22 日　　瑞士作家耶雷米亞斯・高特黑爾夫去世。

弗勞恩斯丹特：《論叔本華哲學的書信》。

1855 年

11 月 11 日　　丹麥神學家、哲學家齊克果去世。

世界博覽會在巴黎舉行。

1856 年

2 月 17 日　　海因利希・海涅在巴黎去世。

5 月 6 日　　精神分析學家西格蒙特・佛洛伊德誕生。

7 月 9 日　　魯伯特・舒曼去世。

1857 年

5 月 2 日　　法國詩人阿爾弗雷德・德・繆塞去世。

5 月 4 日　　弗里德里希・黑貝爾和威廉・約爾丹到法蘭克福訪問。

　　波恩大學講授叔本華的哲學。

10 月初　　克里斯蒂安・卡爾・約西亞斯・馮・本森訪問叔本華。

法國哲學家和社會學家奧古斯特・孔德去世。

1858 年

2 月 22 日　　叔本華七十壽辰。

叔本華拒絕提任柏林皇家科學院院士。

德・桑克蒂斯：《叔本華和利奧波特》。

1859 年

《作為意志和表象的世界》第三版出版。

7 月　　叔本華遷進好希望街 16 號。

10 月　　伊麗莎白・奈完成叔本華的雕像。

1860 年

1 月 29 日　　契訶夫誕生。

8 月　　叔本華突然窒息。

9 月 9 日　　叔本華得肺炎。

9 月 21 日　　叔本華去世。

9 月 26 日　　葬於法蘭克福市公墓。

叔本華生平及大事記

電子書購買

國家圖書館出版品預行編目資料

世界上的每一朵玫瑰花都有刺：要麼庸俗，要麼孤獨！叔本華說人生就是痛苦 / [德] 阿圖爾・叔本華（Arthur Schopenhauer）著 六六 譯 . -- 第一版 . -- 臺北市 : 崧燁文化事業有限公司 , 2023.08

面；　公分

POD 版

譯自 : Every rose in the world has thorns.

ISBN 978-626-357-472-4(平裝)

1.CST: 叔本華 (Schopenhauer, Arthur, 1788-1860)

2.CST: 學術思想 3.CST: 人生哲學

147.53　　112009507

世界上的每一朵玫瑰花都有刺：要麼庸俗，要麼孤獨！叔本華說人生就是痛苦

臉書

作　　者：[德] 阿圖爾・叔本華（Arthur Schopenhauer）

翻　　譯：六六

發 行 人：黃振庭

出 版 者：崧燁文化事業有限公司

發 行 者：崧燁文化事業有限公司

E-mail：sonbookservice@gmail.com

粉 絲 頁：https://www.facebook.com/sonbookss/

網　　址：https://sonbook.net/

地　　址：台北市中正區重慶南路一段六十一號八樓 815 室

Rm. 815, 8F., No.61, Sec. 1, Chongqing S. Rd., Zhongzheng Dist., Taipei City 100, Taiwan

電　　話：(02)2370-3310　　　　**傳　　真**：(02) 2388-1990

印　　刷：京峯數位服務有限公司

律師顧問：廣華律師事務所 張珮琦律師

定　　價： 320 元

發行日期： 2023 年 08 月第一版

◎本書以 POD 印製

Design Assets from Freepik.com